限界を乗り超える
Running with the Mind of Meditation
Lessons for Training Body and Mind
最強の心身
チベット高僧が教える瞑想とランニング

サキョン・ミパム
Sakyong Mipham
松丸さとみ 訳

CCCメディアハウス

RUNNING WITH THE MIND OF MEDITATION:

Lessons for Training Body and Mind

by

Sakyong Mipham

妻カンド・ツェヤンと、
娘ジェッツン・ドラクモの
健やかな幸せに捧げる

Prologue——喜びをもって瞑想し、楽しみながら走ろう！

これまで人生でずっと、私は何らかのスポーツを楽しんできました。シャンバラ仏教の指導者として、そしてチベット高僧として、馬術、弓術、宗教舞踏、武道の訓練を受けており、健やかさを保つには何らかの運動が欠かせないと常に感じてきました。運動が自信や熱意を与えてくれるからです。

ランニングに真剣に取り組むようになったのは、だいぶ大人になってからです。私にとってランニングは心からの喜びであり、屋外に出たり、人と出会ったりするいい機会でもあります。ランニングは心身の健康を保つのにも役立ってきたし、ランニングのおかげで世の中にある程度の恩返しもできました。

瞑想は、私がこれまでの人生でずっと取り組んできたことであり、また私が文化的・精神的に引き継いできたものの一つでもあります。心と体の関係について執筆して欲しいという依頼を、これまで何度も受けました。やがて、ランニングと瞑想について本を書いて欲しいと頼まれるようになりました。でも当時は、ランナーとしてももっと経験を積む必要があると感じました。そのためいくつかマラソン大会に出たのですが、そのおかげでトレーニングの方法について洞察を深めることができました。

私にとって、**瞑想とランニングの関係は自然なもの**です。**瞑想は心のトレーニングであり、ランニングは体のトレーニング**だからです。しかしながら、私はランニングの専門家とはとても言えません。そのため本書は、トレーニング・マニュアルではなく、**瞑想の要素の一部分を、ランニングに統合させるための指南書**となっています。基本的な瞑想の方法をお教えしつつ、ランニングに役立つと思われる基本原則を説明していきます。また、ランニングに瞑想の心をもたらすのに役立つかもしれない、いくつかのテーマについても簡潔にお話ししていきます。瞑想とランニング、どちらも複雑かもしれませんが、二つの共通点を示すべく、シンプルに書きました。

瞑想は、私の人生において切っても切れないものです。そのため、瞑想の原則をランニングと組み合わせるのは、喜ばしい経験でした。私が瞑想もランニングも楽しんでいるように、読者の皆さんもこの両方を楽しめるよう願っています。

喜びをもって瞑想し、楽しみながら走りましょう。座布の上、またはランニング・コースでお会いしましょう!

Contents

勝利の大日如来様、
あなたの俊足が私たちを悟りへとお導きくださいますように。

Chapter 1

瞑想とランニング

1 瞑想とランニング

儀式の前に早朝ランニングをしようと、朝早く起きて僧院を抜け出しました。車で近くのため池まで行き、外に出てストレッチをはじめました。まだ午前3時半。早朝のインドは霧が立ち込め、夜の涼しさが空気に漂っています。私たちはみんな、少し緊張して、同時にワクワクもしていました。初めて走るコースだからです。土手を滑り降り、道がはじまっているところを見つけ、そこからゆっくりと走りはじめました。片側にはため池が、もう片側には牧草地とその背後に背の高い落葉樹の森が広がっていました。誰一人として前夜ぐっすりと眠れはしなかったのですが、頭はとてもすっきりしていました。草原が続く田舎道を走りながら、アシスタントのジョシュ・シルバースティーンが聞いてきました。

「リンポチェ、気をつけたほうがいいことはありますか？」

私はすぐに返事をしました。

「もちろん、コブラ、ヒョウ、野生のゾウ。あぁそれから、たまに野犬の群れもいるから」

ジョシュは笑って言いました。

「いや本当に。何に気をつければいいですか？」

私の顔を見てから続けました。

「あっ、冗談じゃないんですね」

「こんなことは冗談にしないよ」と私。

この瞬間、ジョシュにとってこのランニングの性質が変わってしまいました。


私たちは、幅1メートルほどの溝と大きな土の山を走り抜けましたが、間もなくしてそれが、ゾウが通った後のわだちとフンの山であることに気づきました。そして到着したのは、目の前が広く抜けた場所。アフリカのサバンナを思い起こさせました。道はその後、青々と茂った深い森へと続きました。かつてインド亜大陸をほぼ覆いつくし、いまはわずかになってしまったチークの木の森です。

ときおり、かごを持った人が森に沿って歩いていきました。

走ることでつくり出されるリズミカルな動きで、私たちの体は心地よくリラックスしつつも、新鮮な空気で活力に満ちていました。相変わらず周囲の環境には気を配って警戒していましたが、おかげで「この瞬間（いま、ここ）」に意識を集中できました。あまり言葉を交わしはしなかったのですが、私とジョシュの間には言葉にはならない仲間意識と、生きていることと健康なことへの深い感謝の念が存在していました。走れることをありがたいと思っていたのです。今回のランニングは、いつもとは違います。私たちは2カ月後に控えたボストン・マラソンに向けてトレーニングしていたのです。インドの自然を満喫している間、幸運なことに野生動物に遭遇することはあまりありませんでした。

太陽が昇っていくなか、私たちは南インドにあるナムドルリン僧院に戻りました。僧院では、ほとんどの時間を瞑想し、仏教哲学を学んで過ごしていました。この滞在で私は、教義と力を授けてもらうために、私の精神的な師であるペノル・リンポチェ猊下《げいか》を訪ねていました。リンポチェとは、チベット語で高僧を称える言葉で、「貴重な宝」という意味です。チベット仏教の伝統では、精神修行の道に入る前や瞑想をはじめる前に、まずは師から許可と伝承を受けなくてはいけません。こうすることで、宗派の教義を純粋に保てるのです。この場合、私はミパムの宗派の伝承を受けるということでした。私は、チベットの偉大なるミパム（1846～1912年）の生まれ変わりと考えられています。偉大なるミパムとは、チベットが生んだ尊師の中でも非常に崇敬されている一人です。

私はこれまで常に、**ランニングと瞑想の間には自然な関係がある**と感じてきました。

ランニングは瞑想のサポートになり得るし、瞑想はランニングのサポートになり得ます。ランニングは、ウォーキングの延長という意味では自然な形のエクササイズです。ランニングによって心臓は強くなり、体内に停滞した空気は除かれ、神経系は活性化し、有酸素能力は上がります。ランニングは、ポジティブな心構えを持つための手助けをしてくれます。激しい運動でスタミナがつき、痛みに対処する方法も教えてくれます。リラックスにも役立ちます。自由を感じる人も多くいるでしょう。それと同様に、瞑想は心の自然なエクササイズです。心を強くし、新たなエネルギーで満たし、浄化する機会を与えてくれます。瞑想を通じて、誰もが内に秘めていながらも長らく忘れていた本来の善良さとつながることができます。この善良さを感じるというのは、とてもパワフルな感覚です。私たちの存在のもっとも深い部分に、自信と勇気を持つということなのです。

ランニングと同様に瞑想の際も、白昼夢やストレス、計画を立てるなどといった日々のわずらわしいことを忘れることができます。まさにその瞬間に集中します。「いま」へと入っていくのです。そうすることで、心は強くなっていきます。神経系はリラックスしはじめます。感謝と気づきが大きくなります。知性と記憶が鋭くなります。いまあるもの以上の視点から世界を見ることができるようになります。気分が上がったり落ち込んだりといったことから解き放たれます。愛、思いやり、その他のポジティブな性質にもっと簡単に触れられるようになります。ランニングと同様に、瞑想が終わるとリフレッシュした気分になりますが、その理由はランニングと同じです。瞑想は、自然で健康的な活動だからです。

たまに、「ランニングが私の瞑想なんです」と言う人がいます。言っている意味はわかりますが、現実的には**ランニングはランニングであり、瞑想は瞑想**です。だからこそそれぞれ名称が違うのです。「瞑想が私のエクササイズです」と言うのと同じくらい、的確ではない表現なのです。瞑想の上級者の中には、瞑想の心（あの強さと安らぎ）を体の経絡や神経系、筋肉を通じてすぐに体にもたらすことができる人はいます。そうした人たちは瞑想の心により、力強く、内側から輝き、回復力が高くなります。チベットにはさらに、「熱の瞑想」と呼ばれる瞑想もあります。行者は体温をコントロールでき、氷点下（サブゼロ）の環境で綿の肩掛けだけを身に着け何カ月も瞑想するのです。とは言っても、この人たちがフルマラソンをサブスリー（訳注：3時間未満）で走れる可能性は低いでしょう。

同様に、ランニングによって悟りを開くのは無理だと思われます（試したことがある人はいるのですが）。心のエクササイズと体のエクササイズ、どちらか優れているほうを選ぶ、という問題ではありません。むしろ、こうしたアクティビティは互いに関係しているのです。心と体、どちらも鍛えなくてはいけません。**体の性質は、形と実体**です。**心の性質は、意識**です。心と体は性質からして異なるため、心のためになるものと体のためになるものの性質も異なります。体は動きから恩恵を受け、心は静寂から恩恵を受けます。心と体のためになるものを与えると、自然な調和とバランスが起こります。このように統合した取り組みにより、私たちは満たされ、健康で、賢明でいられます。

古代の世界でさえも、心が柔軟で体が強いとき、人は幸せなものである、と理解されていました。現代の世界では、この精神と体のバランスを保つことに挑むような状況に私たちは直面してしまいます。睡眠時間は少なく、そのためたいてい疲れています。車やバスに乗って仕事に行き、腰痛になったり血行が悪くなったりするような椅子で非常に長い時間座って過ごすはめになります。生活環境の空気は汚れているかもしれず、私たちはさらにこわばり、疲れてしまうのです。

多くの場合、私たちは目覚めた瞬間からストレスを感じています。目覚まし時計で起こされますが、太陽がやさしく昇ってきての目覚めとは雲泥の差です。Eメール、テキストメッセージ、パソコン作業、テレビなどは気力を消耗してしまうものです。多くの人は忙しすぎて、きちんとした会話を最後までする時間もありません。食べ物でさえも、加工されるなど人為的に操作されたものばかりです。

体と精神はどちらも、大きな負担を強いられています。その負担にうまく対処するために、私たちは自分の健康を気づかう必要があります。**心と体は密につながっているため、エクササイズで体のストレスを発散すると、すぐに心に効果が現れてきます。**心は、体の不調に対処する必要がなくなります。体がリラックスしていて柔軟ならば、心が心配しなければいけないことが一つ減るのです。そのため、体で行うランニングという行為は、特に走る距離が長ければ長いほど、精神的な重荷をある程度解放してくれます。

私が初めて瞑想とランニングのワークショップを開催したとき、参加者の中にウルトラマラソンを走るランナーが多いのに驚きました。その人たちの経験を考えてみて、腑に落ちました。しばらく走り込んだそのとき、自分の心の他にいったい何を見つけるというのでしょう? その心には、定期的な瞑想を通じて働きかけるのです。

ランニングは、考え、懸念、心配ごとといった浅い表面部分に働きかけます。瞑想は表面部分のみならず、核心部分にまでずっと掘り下げていきます。瞑想の道は、シンプルで即効性のある方法で活用することもできます。ストレスに満ちた一日から回復したり、重要な決定を下す前に頭をすっきりさせたりするのに役立ちます。もしくは、現実の本質をより深く理解するのを手助けしてくれ、悟りまで導いてくれたりもするのです。

Point

■ランニングは体のエクササイズ
■瞑想は心のエクササイズ
■体のエクササイズと心のエクササイズは補完し合う

2 基礎を築く

ランナーとしての私の人生における大切な人の一人に、ミスティ・チェックがいます。ベテラン・アスリートであり、コロラド州ボルダーのランニング・コミュニティで知られた存在でもあります。ミスティに初めて会ったのは2003年、私が著書 '*Turning the Mind Into an Ally*'（Riverhead, 2003 未翻訳）のプロモーションでボルダーにいたときでした。トレーナーとしてミスティを強く勧められていたので、走ろうと私のほうから連絡をしたのでした。

初めて会ったとき、ミスティは「いい天気ですね。外で走りませんか？」と言いました。私は当時、トレッドミルでいつも短い距離を走っていました。ボルダーの標高は1500メートル以上あるため、ランニングをはじめるのに最適とは言いがたい場所です。私たちは、ボルダー貯水池の周りを走りました。ミスティがシカのようにぴょんぴょんと飛び跳ねながら走っている横で、私はなんとか走りきろうともがいていました。まるで、母親に必死について行こうとしている子犬のような気分でした。ミスティはあれこれとおしゃべりをしながら、私と一緒に走ることができて光栄だ、と言いました。一方の私といえば、果たして貯水池を回りきれるのかと考えていました。

ミスティが何か聞きたそうにしているのに私は気づきました。大きな丘を登りはじめたころ、ミスティが尋ねてきました。

「リンポチェ、一つだけ質問があります。ブッダとイエスの違いは何ですか？」

私は次のように答えました。

「それよりもまず、この丘を登りきらないか？」

ミスティとの素晴らしい関係はこうしてはじまりました。

しばらく走り込んだ後、「基礎を築く」ことを考える必要がある、とミスティに言われました。この時点で、ランニング仲間のジョン・プラットからも、同じように言われていました。私はこのマントラ〔訳注：真言。くり返し唱える呪文のことで、ここではくり返し「基礎を築く」よう言われていることを指している〕に少し戸惑っていました。それがどんな意味であれ、私の理解ではものすごく走り込む必要があったのです。

数カ月にわたり基礎を築いた後、私はジョンとミスティが言っていたことを理解しはじめました。**基礎を築くとは単に、しっかりした骨や強い腱と筋肉をつくるために、やりすぎない程度にじゅうぶん走り込む**、ということでした。こうすることで、基本的な生理機能がゆっくりと強化され、走りに対応できるようになるのです。これは、鍛えることに集中する瞑想の最初の段階に非常によく似ています。

基礎を築くプロセスに興味を持った私は、かかりつけの理学療法士で体についての造詣が深いピーター・グッドマンと話をしました。ピーターはテコンドー3段で黒帯を持っているので、まず人にケガをさせてその後治療すればいいね、と私はいつも冗談を言っています。

ピーターは、基礎を築くという理論は道理にかなっていると思う、と言っていました。一つには、骨は変わらないものではないという点があります。骨は常に変化し、発達しています。骨には全体的に血管が走っているため、ランニングの圧力によってより硬くなり、弾力性が高まります。同様に、腱は整えられて頑健になり、筋肉は強くなります。

基礎を築くには2年ほどかかると言われました。とても長い期間のように感じたし、そのときまで自分がまだ走っているかさえもわからないと思いました。しかし、実際にやはり2年ほどかかりました。この間、私の体はまずランニングに慣れ、次にうまく走れるようになりました。基礎を築くというのは、私がすでに持っているもの、つまり自分自身の肺や筋肉、骨、腱をトレーニングして走れるようにし、徐々に能力を上げていくというプロセスでした。

定期的にランニングをくり返して、体にもともと備わっている構造を強化していくこのプロセスは、瞑想で心をトレーニングして発展させていくのによく似ています。チベット語で瞑想は「ゴム」と言い、基本的には「慣れる、習熟する」という意味です。つまり**瞑想は、自分が心にして欲しいと考えるものに心を慣れさせる行為**ということになります。慣れさせるプロセスとは、心が自然に持ち合わせている性質や能力について、秩序だった方法でそこに意識を集中させて基礎を築くということです。**心の骨と腱に相当するものは、マインドフルネスと気づきです。マインドフルネスは心の強さであり、気づきは心の柔軟性**です。こうした能力なしに私たちは機能できません。水を飲むとき、車を運転するとき、会話をするとき、私たちはマインドフルネスと気づきを使っているのです。

訓練しないかぎり、心は必要最小限の機能しか発揮しません。その点では、体とよく似ています。たとえば、私たちの筋肉と骨は歩くのに必要な強さを持ち合わせてはいますが、調整しないかぎり走るにはじゅうぶんではありません。調整していないと、子どもを危険から守ろうとして、もしくは飛行機やバスに間に合おうとして急に走り出すと、疲れ果ててしまいます。同様に私たちの心は、職場まで車を運転するのにじゅうぶんなマインドフルネスと気づきを持ってはいますが、国を縦断するとなると、車を走らせ続けるだけのスタミナは持ち合わせていないかもしれません。トラック運転手のように常に長距離を運転している人は、もっと楽にできるでしょう。

心と体で異なる点は、バスに乗ろうと走って息が切れても誰も驚きはしないということです。「42・195キロも走れないなんて信じられない！」などと自分に腹を立てる人なんていません。しかしながら、長時間働いたり、たくさんのメールを処理したり、子育てでやることが増えたりすると、私たちは怒りっぽくなり、不機嫌になり、みじめな気分になります。心が不調になっているなどとは、まったく思いつきもしないのです。すべてに対処できるべきだと思い込み、自分自身にさらにストレスをかけてしまいます。何かをできないときに驚くべきではないのです。心の基礎を築けていないのですから。

私は瞑想の文化の中で育ったため、私にとって瞑想は常に自然であり、実用的でもありました。私の父であるチョギャム・トゥルンパ・リンポチェは、チベットが生んだ偉大な瞑想の達人の一人でした。母は若いころから、才能溢れる瞑想の名人としてチベットで知られていました。瞑想の効果や心のケアの必要性を説く、パワフルで知性的でカリスマ性のある人たちに囲まれて私は育ちました。私にとって瞑想は、水を飲むとか散歩に行くのと同じくらい、自然なことになりました。瞑想には効果があるという証拠とともに私は育ったのです。

欧米には一般的に瞑想の文化はありませんので、当然ながら瞑想についてよく知らない人が多くいます。とても神秘的に思える人もいるでしょう。しかしながら最近は、瞑想がこれまでより人々の目に触れるようになり、ストレス軽減に効果的との研究結果もあることから関心を持つ人も増えました。

瞑想を学ぶにあたり、きちんとした手引きと個人的な指導を受けることが重要です。姿勢、態度、瞑想を学ぶ過程に直面する壁、そしてそれを乗り超える方法のすべてについて、優れた指導が必要です。ですので、皆さんが基礎を築けるよう、瞑想に関する基本的な事実や偽りを本書で説明するようにします。

前述のとおり、**動くことは体に良く、静寂は心に良い**ものです。**バランスの取れた生活をするには、しっかりと取り組んで活動的でありつつ、物ごとを深く掘り下げて静止する必要があります。**私たちが活動（ランニングやおしゃべり、仕事など）をしているときは、心は交感神経系の処理を行っています。物ごとを深く掘り下げたり静止したりする際は、副交感神経系の処理を行います。交感神経系と副交感神経系のバランスを取らないと、やがてピリピリして怒りっぽくなり、感情が敏感になってしまいます。長期間にわたって過剰な刺激を受けすぎる（活動が多すぎる）と、内臓や血流に影響が出はじめます。精神的に鈍く、または疲れきった状態になってしまうのです。もっと重要なことに、熟考できなくなってしまいます。

活発なとき、私たちはずっとしてきた習慣に陥りがちになります。そして動き続けているときにこれを変えるのはなかなか難しいものです。通常、悲しいできごとか人生の大きな変化があって初めて、私たちはスピードを落とし、より深い副交感神経系の状態に入ってみようと関心を持つようになるのです。瞑想するように、集中した状態を保ちつつ体を動かさないで心をリラックスさせることには、極めて大きな恩恵があります。しかしそのような静観の状態に慣れていないため、瞑想を不快に感じるかもしれません。習慣を変えるのは難しいものです。

瞑想においてこの難しさは認識されており、瞑想が本質的に取り組もうとしているのはまさにそこです。瞑想の方法を学ぶ際に、**まずは静かに佇む技術**、つまり静寂と深みを増す時間について教えられます。その技術に慣れたら、**さらに深いものとなる観想法**を学びます。そこでは、人生をどう生きていきたいか、精神面でのさまざまな習慣をどのように育んでいきたいかをじっくりと考えます。瞑想によって、私たちは心、脳、そして心臓に通じる新しい経路をつくっていきます。そしてこれが基礎を築くということなのです。

瞑想では、ランニング同様、これまで自分がしてきたこととはまったく異なる何かに取り組みます。そのため、**特に最初はやりすぎないように注意**しなければいけません。

Point

■ 瞑想での基礎づくりとは心を鍛えることに集中すること

■ ランニングでの基礎づくりとはじゅうぶんに走り込むこと

■ 基礎ができれば瞑想もランニングも上達する

3 呼吸を管理する

人生は呼吸です。呼吸は人生です。瞑想の経典によると、私たちは一日に2万1600回呼吸しています。呼吸する能力は、「気」と直接関係しています。呼吸が、気を全身に循環してくれるのです。呼吸の数は人生を通じてゆっくりと減っていきます。私たちの行動、生きかた、食べ物、エクササイズ、そして人間関係が、呼吸つまりは「気」と健康に影響するのは明らかです。**呼吸が健全であること、そして呼吸をいかに管理するかということは、人生において非常に大切**です。

呼吸は、心の状態に直接的に影響をおよぼします。チベット医学の書物によると、呼吸が異常だと精神状態が不安定になる可能性があるということです。酸素の流れと血液の酸素処理が、健康に直接的に関係するのは誰もが知っています。気分が少し落ち込んで無気力になるのは、血流の悪さ、つまりは酸素不足から来ている可能性があるのです。

息を吐き出して吸い込む際に**意識して呼吸することは、心と体にとって非常に有益**です。呼吸は、ストレスや、後悔などのネガティブな考えや感情から心を解毒《げどく》するのに役立ちます。呼吸はまるで、海水を循環させて海が淀まないようにする波のようなものです。そのため呼吸に注意を払うと、自動的に「いま」に連れてこられるようになります。これにより、心がすっきりするのです。

一般的に、私たちは過去や未来を考えすぎるため、頭の中が混雑した状態になってしまいます。もし心が過去に囚われてしまったら、後ろ向きになり、不機嫌で憂うつになってしまうでしょう。人生のハイライトが過去にあったように思ってしまったら、その後に起こるできごとは気分を落ち込ませるようなものになります。というのも、まるで物ごとがただただ悪化するだけのように思えてしまうからです。また、過去についてあまりにも考えすぎると後悔が生まれます。自分が取った行動を苦々しく思うのです。

反対に、心が未来にあると、幻想でしかない希望を抱いてしまうかもしれません。そのため楽観していいのだと錯覚し、現在していることをないがしろにしてしまうでしょう。また未来を考えすぎると、何が起こるのかわからないため、心配と懸念をもたらします。不確かさが不安を生み出すのです。

もちろん、過去についてじっくり考えれば、自分が当時どう行動し、いまこの瞬間はどう行動すればもっとうまくできるかを理解するのに役立ちます。未来は、自分の願望を未来に向けて投影するという意味で重要です。しかしそれでも結局は、現在に戻ってくることになります。願望を満たすのは現在だからです。

過去のできごとはすでに過ぎ去っており、未来はまだ起こっていません。**私たちが人生の中で存在できるのは、現在だけ**です。現在が操縦かんとなり、その瞬間をコントロールし、つまりは人生が進む方向もコントロールしているのです。もっとも**効果的にいまに存在する方法は、呼吸とともにいること**です。呼吸が、私たちと現実をしっかりとつなぎとめてくれるのです。

呼吸を受け入れ呼吸に感謝すること、そして呼吸のプロセスと密にかかわることが、瞑想とランニングのカギとなります。呼吸は、私たちの足元にある、地球に生える緑の草のようなものです。私たちは多くの場合、自分が立っている場所に意識を払っていないのです。そのため、瞑想をするほとんどの人は最初に、呼吸を見つけ、呼吸に感謝するのに苦労します。浮かんでくる考えに邪魔をされるか、呼吸に取り組むという行為がつまらないと感じてしまうのです。

瞑想の実践とは、呼吸に対してもっと関心を持ち感謝することの実践です。そうしているとき、自分自身や自分の健康、自分の気のエネルギーに興味を持っていると示していることになります。自分自身の人生や、自分がしていることに興味を示す能力を伸ばしているのです。瞑想の効果をすぐに感じるのはそのためで、人生についてこれまでよりもっと気づき、注意を払い、感謝するようになるのです。

瞑想をはじめたばかりの人が自分の呼吸に気づくとき、その呼吸は浅いものです。**テクニックが上達するにつれ、呼吸の質は深まります。**その結果として生まれる強さとリラックスした感覚が、体全体に広がっていきます。

同様に、**走りはじめたばかりの人は、呼吸が浅い**ものです。ランニング初心者は多くの場合、息を止めてしまったり、肺の一部しか使わなかったりすることもあります。呼吸が強く速くなると、圧倒されてしまうかもしれません。これまで経験したことがないので、速い呼吸に慣れていないのです。**走り込むようになってくると、もっとリラックスして呼吸できる**ようになります。これは、より深く呼吸することで可能になります。

熟練ランナーになると、人間の体は呼吸するようにできているのだと気づきます。実のところ、人間の生理機能のほとんどが、呼吸を中心にできているのです。肺は胴体と背中のほとんどを占めています。腕や脚の振りが、ポンプになります。

呼吸とうまくつき合えるようになれば、そこまで呼吸に苦労する必要はなくなります。ランナーは直感的にこれを知っています。**呼吸のプロセスに慣れてくるにつれ、生きる上でもっとも基本的な部分との関係を構築していく**ことになります。瞑想で、意識を呼吸に置くことにより、白昼夢や心配、思考、空想から意識を離します。瞑想が、心がすべき健全な行為を与えてくれるのです。

Point

- 意識して呼吸にかかわることで心身と良い関係を築ける
- 瞑想で呼吸を意識することで「いま」に存在できる
- ランニングが上達すればリラックスして呼吸できる

4 基本的な瞑想のしかた

子どものころ、瞑想の訓練を受ける際に、そこに座って1時間、自分の呼吸に従うよう言われました。私は、自分の意識が一つの考えから次の考えへと移りゆくことに気づきました。呼吸に注意を払ってそれに従うというのは、とても骨が折れることのように思えました。非常に基本的なところで、私は瞑想ができる状態になかったのです。私の心は、自分が集中しているものにわずかな瞬間しか意識を置いておけない程度の強さしか持ち合わせていませんでした。しかし少し練習を積むと、数分で自分の呼吸を見つけ、それに従えるようになりました。

練習を継続するなかで、さまざまな瞑想のテクニックを使いました。心の集中を安定させるというシンプルなものから、視覚化、観想する瞑想、マントラを用いた瞑想にいたる、広範囲におよぶものでした。このどれもが、マインドフルネス（筋力トレーニングに相当します）と気づき（柔軟性、持久力、スタミナに相当します）の基本的な側面をどれだけ伸ばせるかに依存しています。

このパートでは、もっとも基本的かつ役立つ瞑想のテクニックを一つお教えします。

プロセスは基本的に、呼吸に注意を払うことで構成されています。これはよく「呼吸に従う」とか「マインドフルな呼吸」と呼ばれており、静かな佇みへと続くものです。

このテクニックを学ぶにはまず、**適切な姿勢**を取ります。まっすぐ、心地良い姿勢で静かに座ります。座布などのクッションに座っているにせよ椅子に腰掛けているにせよ、背骨は自然なカーブを保ちつつしっかりと伸ばします。手は太ももに置き、腕と肩はリラックスさせます。あごは少し引き、まぶたは力を抜いてください。顔と下あごも力を抜きます。舌も力を抜いて、舌の先は上の歯の付け根にゆったりと触れている状態にします。口はわずかに開いています。クッションに座っているなら、くるぶしはゆるく交差させます。椅子に座っているなら、両足の裏をしっかりと床につけてください。目線はだいたい180センチくらい先を見ます。

では、**いまあなたの頭にある考えや心配ごとから意識を離し、強い意志をもって呼吸に注意を払いましょう**。これは**定置**と呼ばれ、心を強くし発展させる9段階のプロセスの最初です。9段階には、定置、継続定置、反復定置、近接定置、調教、鎮静、完全鎮静、一点、平静があります。最初の3段階は、心を落ち着けることと関連しています。

これまで心に働きかけたことがなかったため、最初は、心が常に動き続けるという経験をするでしょう。心は絶え間なく考えで満たされてしまうのです。この段階は、滝にたとえられます。心がまるで、水の急流のように感じられるのです。

最初は、どんどん入ってくる考えに圧倒されたり失望したりしないことが大切です。ただ、いくつの考えが心に入ってきたのかを認識すればいいのです。継続的かつ反復的に意識を呼吸に戻すごとに、心はどんどん強くなっていきます。ちょうどウェイト・トレーニングの部屋でくり返しウェイトを持ち上げているようなものです。

呼吸そのものは、リズミカルで柔らかく、一定しており、心地よいものです。呼吸に集中して瞑想することで、呼吸に慣れていきます。この慣れていく過程を通じて、心はポジティブで有益なものを吸収していきます。

次に、**1サイクルの呼吸に従います**。いつも通りの、何も誇張しない呼吸です。呼気が唇と鼻孔から離れ、180センチほど先で消えていきます。吐ききった後、わずかな間を空けます。そこから、唇に戻っていく呼吸のサイクルをはじめましょう。**意識を呼吸に置くことで、マインドフルネスを実践**します。心を強くし、基礎を築いているのです。この一見シンプルなテクニックで、注意力が強くなっていきます。そのうえ、他のことを考えてもいないので、自然と平穏になります。これは心にとってとても役立ちます。

何サイクルかするとマインドフルネスを失って、その日あったことについて考えを巡らせはじめるかもしれません。そのため次に、**考えに邪魔されない練習**をします。これには気づきが必要です。巡らせている思いが何であるかはあまり関係ありません。**自分が何か考えていると気づいたら、単に自分が考えていると認識し、意識を呼吸に戻します。**「考えさん、いまはやめて」と言ってもいいですし、「あ、いま考えごとをしていた」と自分に気づかせるのもいいでしょう。嫌な気分になる必要はありません。単に、できるだけ早くシンプルに呼吸に戻ればいいのです。これが、定置、継続定置、反復定置の段階での訓練方法です。

やさしく、それでいてしっかりと意識を呼吸に置き続けるようにしてみましょう。自分が考えごとをしていると気づいたら、呼吸に戻るよう思い出します。意識を考えから離して呼吸に置くというのが、瞑想の焦点となるものです。このシンプルな瞑想の形においてそれは、呼吸に対してマインドフルにいる、考えごとをしていると気づく、そして意識を呼吸に戻す、という簡単なプロセスです。

心と呼吸をつなぎとめ直すという作業を継続的かつ反復的に行っていくと、安定が生まれます。**気が散らされることなく意識を呼吸に置いておける**というこの四つ目の段階は、「**近接定置**」と呼ばれます。瞑想は安定し、意識はゆっくりと手なずけられていきます。瞑想のトレーニングではこのようにして基礎を築きます。呼吸に意識を持っていく能力ができたら、その他のどのような目標であれ、努力であれ、そこに意識を集中させる能力も高まっています。

瞑想をはじめるとき、1セッションにつき20〜30分行うように努めてみてください。あなたの心が瞑想に慣れていなくて長い時間が難しい場合は、短いセッションにすると良いかもしれません。たとえ10分でも有益で、特に一日の間に何度かくり返すとさらに良いでしょう。たとえば、目覚めたときに10〜15分、昼食前に10〜15分、午後に10〜15分、夜に10〜15分、それぞれ瞑想するといった具合です。

たとえ一日に10〜20分しか瞑想していなくても有用です。**ランニング同様、基礎を築くには頻度を増やす**のが役立ちます。後になって、30分が早く楽に過ぎていくのに気づくでしょうし、45分〜1時間瞑想するようになるのもすぐでしょう。もっと後になると、続けて数時間、瞑想できるようになるでしょう。

瞑想で座るとき、タイマーを使うと役に立ちます。言うまでもなく、時計を何度も気にするのは良くありません。時間の流れを遅くするスーパーパワーが自分に備わっているのを発見してしまうかもしれませんから。伝統的には、瞑想する際に線香を使用します。匂いがいいとか、眠くなるのを匂いが防ぐといった理由以外に、時間を計るツールとして使うのです。ほとんどの線香は、棒状のものは40分間燃え続けますし、半分に折って使うこともできます。

また、**セッションの最初と最後をはっきりと示す**のもとても良いことです。これをすることで、自分の心に働きかける時間をつくっていると認識できます。伝統的には小さなベルやゴングを使いますが、「戦士の黙礼」でもいいでしょう。太ももに手を置き、頭と胴体を前に倒してお辞儀します。セッションのはじまりもなければ終わりもないような、構成がまったくない状態で行うのは避けるべきです。このような自由放任主義的な態度は、瞑想セッションの力を半減させますし、あまり多くの結果を生みません。まるで、エクササイズをしないのにジムの中をうろうろするような感じです。

瞑想において、一般的な感覚における礼儀正しさ、感謝、純潔さは有益です。だらしない格好で部屋も散らかっていたら、心の厳格さを成長させるのはかなり大変になるでしょう。同時に、あまり堅苦しく厳格になりすぎないようにするために、セッションにはある程度の気楽さ、寛《くつろ》ぎ、快適さがあるべきです。40分ごとに足を伸ばして少し動くのも有益です。脚と足首をぐるぐると回すと、血流が改善されるし足が痺れにくくなります。

クッションで瞑想をするとものすごく体が痛むという場合、クッションをもっと分厚いものに変えるか、座面が厚い椅子に変えてもいいかもしれません。座る瞑想に、短い時間の歩く瞑想を合わせるのもいいでしょう。これについては「ウォーキングとヨガの効果」の項（126頁）で詳しく説明します。また、整体をしてもらったり、ストレッチを多めにしてみるのもよさそうです。

禅僧院では、瞑想中にうとうとしはじめると平たい木製の棒で肩を叩かれます。チベットの僧院では、丸い棒や小さなムチが使われます。このおかげで誰もが注意深くなります。しかしながら、もし自分だけで実践しているのなら、誰にも知られずに好き勝手にできるため、自分で自分に厳しくする必要があります。そのため、体の外側には規律とリラックス、そして体の内側にはマインドフルネスと気づき、という具合にバランスを持つ必要があります。こうすることで、瞑想は温かみがあると同時に、ピンと引き締まったものになります。

Point

- **瞑想のセッションにはルールをつくり、だらだら行わない**
- **瞑想では呼吸に意識を置く**
- **瞑想中、意識が呼吸から外れたら速やかに呼吸に意識を戻す**

5 心を制御する瞑想

チベットが生んだ瞑想の達人の一人、ケンポ・カンシャルは、私の父を指導した人物です。素晴らしく博学な人でした。才能を早くに花開かせた青年として、古代ギリシャ時代の偉大なる哲学者のように、カンシャルは実用と分析が独特に混ざり合った教育を受けました。そして瞑想の書物を何冊か記しています。

そうした書物の一冊でカンシャルは、「体、言葉、心のうち、もっとも重要なのはどれか?」と疑問を投げかけ、それぞれの良い点と悪い点についてすべて吟味しました。体によって、私たちは暑さや寒さを感じます。大きな快楽や痛みを経験できるとともに、踊ったり、瞑想したり、おいしい食事を味わったりできます。言葉によって、私たちは歌ったり、話したり、コミュニケーションしたりできます。ほんのいくつかのシンプルな言葉で結婚したり、また別のいくつかの言葉で戦争をはじめたりできてしまいます。心によって、私たちは考えをめぐらせ、アイデアを思いつき、知識を得て、過去や未来について想像します。心は、訪れたことのない場所を想像することもできます。

ケンポ・カンシャルはやがて結論を出します。体、言葉、心はどれも重要ではあるものの、心がもっとも重要だというものです。心が「王様」、もっと現代風の言いかたをすれば「ボス」だからです。**心があるからこそ、私たちは体の動きと言葉の音を発することができる**のです。心が有能であればあるほど、その影響力はより大きくなります。ですから、心のケアは非常に大切なのです。

瞑想の伝統において、心は頭、心臓、そして体全体にあると考えられています。しかしながら、心と体は究極的には一つの存在です。これは、統合性、単一性、または中心性といった感覚です。特に、**呼吸と心には独特な関係がある**と言われています。チベットでは、**呼吸は馬のようなもので心は騎手のようなもの**だと表現します。呼吸が穏やかに落ち着いているとき、心にアクセスするのはずっと簡単になります。呼吸または風はチベットの言葉で「ルン」と言います。この風は、体全体を貫く動きとエネルギーを表します。

たとえば心配したときのように思考のプロセスが高まると、風の動きが増えます。風はその動きが不規則であればあるほど、体の中を全体的にたくさん動くようになります。そして私たちはそれを、動揺して散漫になった考えや感情的なアップダウンとして経験し、これがストレス、つまりはエネルギーが詰まってしまった状態になります。ランニングをすると、この風が落ち着いてきて詰まりが徐々に解消されます。

チベットでは、「風の馬」という伝統的なイメージがあります。これはバランスがとれた風と心の関係を表しています。馬は、「風」と「動き」を表します。馬のくらには高価な宝石が座しています。この宝石は、心です。

宝石は、透明で光を反射する石であり、硬く、そして地球らしい要素がそこには存在します。手にとって持ち上げることができ、同時に、宝石を通して向こう側を見ることもできます。これらの性質が、心を表しています。しっかりとした形がありながら、光を通すものでもあるのです。心は、至高の智慧を持つことができます。また、愛や慈悲、怒りを経験することもできます。歴史、哲学、数学を理解できると同時に、買い物リストに何があったか思い出すこともできます。**心はまさに、思いのままに宝物を出してくれる如意宝珠《にょいほうじゅ》のようなもの**なのです。

訓練していない心の思考過程は、目が見えない野生の馬のようなものだと考えられています。とっぴで制御不能です。私たちは心を、常に動き回っているものとして経験します。突然、駆け出して考えが次から次へと飛び移り、うれしくなったり、不機嫌になったりします。心を訓練しないと、この野生の馬が好き勝手なところに行ってしまいます。背には宝石など乗せておらず、馬を乗りこなせない騎手が乗っています。

馬そのものが正気を失っているので、とても奇妙な光景です。自分の心を瞑想の中で観察すると、これと同じ力学が作用しているのがわかります。

特に瞑想の最初の段階では、心をコントロールするのは非常に困難だと感じます。そうしたいと思っても、まるで衰弱した騎手のように、コントロールできる力はほとんどありません。呼吸に集中したいのに、いつも心は不意に駆け出してしまいます。これが野生の馬です。瞑想のプロセスは、言うことを聞くように馬を手なずけ、その一方で心を熟練した騎手にすることです。

瞑想の間は考えてはいけない、とよく思われるものです。これはある意味、正しくありません。本当のところ瞑想で何が起こっているのかというと、考えたいときに考え、考えたくないときに考えない、という能力を私たちは養っているのです。自分の好きな対象物に考えを向け、それに集中する能力を養ってもいます。たとえば、慈悲を伸ばしたい場合、慈悲に集中したり、私たちを慈悲へと動かしてくれるような人物について考えたりするよう練習します。もしそうでなくて、気づくとアイスクリームについて考え、その後、母親が焼いてくれたクッキーについて考えているなら、野生の馬に逆戻りしてしまったということです。私たちは、こうしたことをわざと考えているわけではありません。心があらゆるところで走り回っていると、心にあまり触れられなくなり、疲れて、体が重く感じ、ストレスを受けてしまいます。

瞑想の最初の段階では、考えすぎないようにしたいのは間違いありません。この時点において考えは風を刺激してしまい、それを私たちは意識が散漫になった状態として経験します。そのため、**各段階での馬を訓練する方法は、自分が心に集中して欲しい対象に心を戻す、という作業**になります。最初の段階では、呼吸に意識を集中させます。

呼吸に従い、そして呼吸のペースを整えられるようになると、安定してリズミカルな流れで息を吸い込み、吐き出せるようになります。この流れが心を落ち着かせます。ちょうど馬を訓練するような具合です。馬がおいしそうな草（たとえばとりとめのない思いや、壮大な空想など）を見つけたからと道をそれたがるたびに、馬を道に連れ戻します。ここでいう道とは、呼吸です。

Point

- 「呼吸と心」は「馬と騎手」のような関係
- 思考を自在に制御する力を養うのが瞑想
- 瞑想の訓練とは、道からそれた馬を道に連れ戻すこと

6 洞察力を鍛える瞑想

初めのうち、瞑想のテクニックに従うのは子どもを学校へ連れていくのに似ています。心は、行きたくない、と足をジタバタさせて叫ぶかもしれません。私たちはこれを、意識を呼吸に持っていく際に浮かんでくるさまざまな考えや感情として経験します。しかし適切な動機とうまいテクニック（定置、継続定置、反復定置、近接定置）があれば、私たちは穏やかで安定していられ、心は毎日、学校にやってきます。

いちど心が調教されてしまえば、次は鎮静と完全鎮静の段階に入ります。静かに佇めるようになるのです。チベット語ではこれを「シネー」と言います。サンスクリット語の「サマタ」として知っている人もいるでしょう。そもそも人が**瞑想する理由は、静かに佇めるようになるため**です。ストレスを軽減するべく訓練しているのです。意識を呼吸に置いてそこにい続けるというシンプルな行為により、私たちの活動は一点に集中し、穏やかさのレベルが上がります。「一点」の段階になると、心が散漫になることはもうありません。次の段階**「平静」（訳注：仏教用語では「捨」、「平等心」）において心は、強く、安定して、澄んでいて、喜びに満ちています。**

ランナーに瞑想を教えるのは、ランナーでない人に教えるよりやりやすいと感じることがときどきあります。というのも、ランナーは呼吸に対して自然な感覚を持っているためです。ランナーにとって、呼吸に取り組むというのは理解しやすいのです。とは言っても、走っているときに静かなる佇みをつくり出すのは難しいものです。

それはなぜでしょう？　心にアクセスするには、野生の馬を調教しなければいけません。これは瞑想のテクニックを絶え間なく適用させることで可能になります。ランニングから精神的な恩恵はいくらか得られるものの、通常それは馬を調教することによってではなく、馬を疲労困憊《こんぱい》させることによって達成できます。動くことによって、物理的に「風」を疲労させているのです。あとになると風がおとなしくなるため、私たちももっと落ち着きます。そして心はもっといまに集中して、穏やかになっていきます。ですから、ランニングのあとに心が澄んで穏やかになるのは多くの場合、馬が疲れているからであり、調教されたからではありません。身体的な運動で精神的に明晰になれるのは、一時的なものです。馬がまたエネルギーに満ちれば、走り回りはじめます。そうなるとまたランニングをして、心を再び疲れさせなければならなくなります。**心の訓練でランニングを使うのは副次的である一方で、瞑想から得られる平穏と明晰さは蓄積的**なものです。

一般的に言って、心における知識は積み重なっていくものです。今日はAとBという文字を覚え、明日はCを覚え、最終的にはアルファベットを覚えます。その後、単語やセンテンスをつくり出せるようになり、それから、本を書けるようになります。しかし体力の場合、維持する行為が常に必要になります。相対的に言って、当然ながら体力の構築はできますし、心は知識を忘れることもあるでしょう。それでも一般的には、体が運動から受ける恩恵は一時的なもので、その一方で瞑想は、積み重ねることで効果を発揮します。

毎日のルーティンに、エクササイズと瞑想の両方があるのが理想的です。心のトレーニングにより、アスリートは身体的なトレーニングから効果を得やすくなります。心のトレーニングのおかげで、アスリートは気が散漫にならずに集中して、競技中にネガティブな考えを抱かないようになるのです。同時に、自分自身に対してやさしくありながら揺るがないでいられるスキルを身につけられるようになります。瞑想する人や瞑想の知識を得ようとしている人なら誰であれ、自分の体にイライラしないためには、エクササイズが役に立ちます。痛みや不快感がないとき、知的な作業は小さな努力で済みます。究極的には、心と体のいずれもが大切にされるべきものなのです。

体は不思議な馬であり、心は不思議な宝石なのです。

静かな佇まいの瞑想のパワーは、最初に学ぶテクニックだからと言って過小評価すべきではありません。光や透明感、喜びを味わえるよう導いてくれるかもしれないのです。現実がここことは異なるパラレルワールドなどは存在しませんが、健全なる心が生まれながらに内に秘めている、心の本質は存在するのです。

静かなる佇みで心を安定させられるようになると、洞察を発展させるタイプの別の瞑想へと進みます。チベット語ではこれを「ラトン」と言い、サンスクリット語では「ヴィパッサナー」と言います。これらの言葉は、「はっきりと見ること」または「優れた洞察」という意味です。このような洞察によって、内なる知性、つまり「プラジュナ」〔訳注：仏教用語では「般若」、「深い智慧」〕は研ぎ澄まされていきます。この二つ目のタイプの瞑想は、より上級者向けです。基本的にこれは心を教育するプロセスであり、心は正しい結論を導き出せるようになります。これを行うには、概念的枠組みを使います。言い換えれば、二元性（主観と客観、ここあそこ、これとあれ）という感覚を使い、真理について瞑想することで、現実における真理を詳しく見ていくのです。自分とは切り離された別のものとして真理を見ることで、それを体験する方法をつくり出します。**本当の現実とは概念を超越しており、これとあれ、という二元性も超越したものです。**

観想《ヴィパッサナー》する瞑想では、意識を呼吸に置き続ける代わりに、たとえば寛容さなど力強いテーマに置くということをします。心がこのテーマに親しんでいくにつれ、テーマは心に刻まれていくようになります。このテクニックは、その言葉と意味という二つの原則によって作用します。たとえば、愛というテーマで瞑想しようと決めたとします。この言葉に心を定置させればさせるほど、その感覚が生まれてきます。

走っているときは、さまざまな考えが頭にあるものです。そのため、焦点を当てる力がきちんと訓練されていれば、特定のテーマに意識を向けることができます。たとえば、運がいいとかありがたいという感覚に焦点を当てることもできます。これにじゅうぶん慣れ親しめば、このような観想の瞑想は自分自身の姿勢になっていきます。

私は走るときによく、人のためになるというテーマに基づきその感情を生み出そうとします。走ることで必ずしも人のためになっているわけではないかもしれませんが、走り終わった後、いつもより楽に人のために何かをしている自分に気づきます。幸運だという感覚について観想すると、その後は、自分がいつもより深く感謝していることに気づくかもしれませんし、愛について観想していれば、思いやりや慈悲がもっと自然と湧き上がってくるかもしれません。**ランニングは正確には瞑想ではありませんが、心の中で長い時間を過ごすのは間違いない**ですし、**集中力を強化した後は、ランニングをこのように活用することもできる**のです。本書のチャプター2〜6には、ランニングの最中に試せる観想の方法をいくつか載せてあります。しかしながら、まずは座った状態で観想する瞑想を練習することからはじめます。

きちんと練習すれば、二つ目のタイプのこの瞑想は、私たちが「非概念的な理解」と定義している智慧の発見につながります。これは理解の外にある知識であり、概念を使った物ごとの理解を超越した意識のレベルです。智慧は二元性を超越します。「これ」と「あれ」という構造がなくなってしまうのです。これが私たちが**悟りと呼ぶもので、そこでの知識は過去、現在、未来という三つの時間を超越**しています。

そのため、瞑想をただ単に心を安定させ強化して静けさに到達するためのツールとして活用することもできれば、智慧を伸ばしていくためのツールとして活用することもできます。たとえ**智慧を伸ばしたいのであっても、安定させることと強化することからはじめなければいけません**。心の野生馬があちこち走り回り、騎手があちこちムチで叩いているような状態では、賢明かつ落ち着いて、穏やかでいることはなかなかできません。きちんとした期間、座った状態での瞑想を行うことが非常に重要なのはそのためです。座った瞑想で私たちは、馬を調教し、騎手の能力をもっと上げるよう取り組みます。

Point

■「静かに佇める」ようになれば「洞察を発展させる」段階へ進む

■「洞察の発展」とは主観から離れて「真理」を見ること

■「真理」を追究した先にある智慧が「悟り」

7 「習慣になるまで」を乗りきるには？

ランニングと瞑想において、**最初がいちばん困難**な時期かもしれません。**難しい理由は、習慣を変えようとしているから**とも言えます。ランニングでは、身体的な習慣を変えようとしていますし、瞑想では、精神的な習慣を変えようとしています。どちらの場合も、これが自分のしたいことだという決意をはっきりさせておく必要があります。

ランニングをはじめたばかりのときは、もろい時期です。こわばっているし、スタミナもあまりなく、そのうえすぐに疲れてしまいます。決心と努力が必要不可欠です。自分の体を座った状態から活動的な状態へと持っていっているのです。心拍数と血流を上げていくなか、この移行の難しさは疲労とこわばりとして現れます。

この**最初の段階は極めて重要**です。度を超えてしまうと、エクササイズが激しくなりすぎて、私たちはそこで止めてしまいます。じゅうぶんに打ち込まないでいると、なかなか習慣にはなりません。最初の段階で私がよく勧めるのは、「ウォーク・ランニング」です。これは、**ウォーキングの間にちょこちょことランニングするもので、二つを統合させたやさしいこのアプローチは、初心者に効果がある**ようです。ランニングに圧倒されることがないと同時に、短い時間のランニングで心拍数が上がり、血流が促されます。ウルトラマラソンのランナーもこのウォーキングとランニングのテクニックを使っています。

実際、妻のカンド・ツェヤンにランニングを初めて教えたとき、ほとんどの時間はウォーキングをして、時どき2分間だけ走るよう勧めました。自分の配偶者をコーチするのはデリケートかつ難しい場合が多いため、あまりあれこれ指導しないよう注意しました。数カ月たち、妻は20〜30分走れるようになりました。その後、結婚記念を祝うため1時間ほど一緒にランニングしました。妻の進歩を非常に誇りに思いましたが、妻はやりすぎなかったため達成できたのでした。

はじめたばかりのころは、多くのランナー同様、**最初の20分ほどがランニングでいちばん辛かった**ものでした。「体ができていない」と思いました。そのため不快に感じたのは自然なことでした。数分以上走るのは無理だと思ったこともあります。脚が重くて、体とは別物のように感じました。後になって、もっと体ができてきても、走りはじめに脚が若干不快になった時期がありました。そしてこれは、体ができているとかいないとかとは何の関係もないことに気づきました。座った状態から活動的な状態へと、体と神経系が変化しているに過ぎないのです。

いまでさえ、数日間走らずにいて再びはじめると、ずいぶんと体力を失ったように感じるものです。このことをトレーナーのミスティ・チェックに話したところ、ミスティは次のように答えました。「リンポチェ、ここ2～3日で体力が落ちたとは思いませんよ。ただ**体内の神経が再び起こされる必要がある**ということです」。これは本当にそうだと思います。

反対に**瞑想においては、逆の理由から最初の段階が困難**になり得ます。スピードを落とさなければいけないからです。初めて座して瞑想をはじめるとき、心は非常に忙しくしています。心はこれまであちこちと疾走してきたのに、いまや呼吸に焦点を当ててもっとゆっくりと動くようにと私たちは心に働きかけているのです。最初のころはイライラしたり、動揺したりするかもしれませんが、これは瞑想の実践そのものに対してというよりも、心が新しい速度制限に慣れていないからでしょう。

ランニングや瞑想のはじめの時期において、**最大の障害は怠惰**です。怠惰の一つには、基本的に無精なことがあります。つまり、テレビやソファから自分を引き剥がせないのです。この場合、ほんの少しのエクササイズで、前進するときだと体にメッセージを送ることができます。スポーツウェアを着てストレッチをはじめるだけでも、怠惰から自分を抜け出させるのに役立ちます。同様に、たとえ5分だけでも呼吸に従おうと座る行為に、自分を怠惰から抜け出させるためのパワーがあります。別の形の怠惰には、多忙でせかせかした生活の中で、ランニングをしたり座して実践したりするための時間をつくらないというものがあります。

はじめたばかりの時期のまた別の障害として、特に瞑想において、教えてもらったことを忘れるというものがあります。瞑想の場所まで来たはいいけれど、テクニックを適用するのを忘れるのです。呼吸に意識を集中して考えを手放すよう指導されたのに、こうした指示に従う代わりに、ただぼんやりするか、考えごとをしてしまうのです。これはまるで、ランニング・シューズ、ランニング・パンツを履いて、ランニング・シャツを着たのに、そこにただ立っているだけのようなものです。

瞑想のプロセスはランニングとは異なりますが、ツールは同じです。決意し、努力する必要があります。**最初を乗り超えられれば、おそらくうまくやり通すことができる**でしょう。当然、その旅路で困難には直面し続けるでしょうが、どちらのアクティビティでも最初の段階においては、**大局的にものを見る力と粘り強さ**が大きな報いへとつながっていきます。

最初の段階では、ランニングも瞑想も、あまりやりすぎないのが大切です。熱中しすぎると、誰もがときにはやりすぎてしまうものです。たとえば私が、4カ月にわたる儀式のためインド東部にあるオリッサ州に行ったときの話です。私の妻の家族が率いるチベットにおける重要な仏教宗派の本拠地であるリパ僧院にて、儀式は朝5時にはじまり、夜の8時半か9時まで続きました。妻の兄であり著名な高僧（ラマ）で地域のリーダーのジグメ・リンポチェが儀式を主催していました。義兄は、私のエクササイズ好きを知っています。

到着したときにジグメ・リンポチェは、サプライズを用意してある、と私に言いました。自分の部屋に行くと、トレッドミルが置いてあるのを見て驚いてしまいました。義兄がどうやって手に入れたのかは知りませんが、私は心からうれしく思いました。今後数カ月間、たくさん使うだろうと確信していました。

唯一走れる時間は、かなりの早朝か夜遅くでしたし、インドの暑さと湿気は一向に弱まる気配はありませんでした。トレッドミルはかなり狭い場所にありました。輪をかけて、ときおり停電もありました。この地域は電力の一部を自前の発電機でまかなっていたからです。

トレッドミルで走る時間割を組み込んだちょうどいい日課をつくりましたが、通常は1時間以内に収めました。僧院で滞在をはじめて3週間ほどたったころ、トレッドミルで長距離を走り込んだらいいかもと思いたちました。そこで、1時間25分ほど走ることにしたのです。これをするには、朝3時にはじめる必要がありました。さらに悪いことに、私はそのとき抗マラリア薬を飲んでおり、一晩わずか4〜5時間しか睡眠を取れていませんでした。朝4時半ごろに走り終えました。少し疲れてはいましたが、体調は万全でした。

唯一の問題は、まだその日は16時間残っているということでした。これらの儀式は、読経や儀礼的な動きで非常に複雑になり得ます。さらに、私は部屋の前方にある高座に座っていたので、非常に大勢の人々から見える場所にいました。

その日が終わるころまでには、疲れはじめて頭がふらふらになっていました。明らかに、やりすぎでした。そのためしばらくは走るのを控え、ストレッチに焦点を当てるようにしました。滞在中トレッドミルを使い続けはしましたが、あれほど長い時間そこで走ることはありませんでした。

当然ながら、誰もがそれぞれの経験をするものです。**自分をじゅうぶん駆り立てないと成長はしませんが、駆り立てすぎると逆行してしまう**ものです。何がじゅうぶんかは、自分がどこにいるか、何をしているかによって変わってくるでしょう。そういう意味で、いま**この瞬間は常に、ある種の「はじまり」であると**言えます。

Point

■ランニングは動いていなかったものを動かす訓練
■瞑想は動いているものを動かさない訓練
■ランニングを怠けそうなときは、とりあえず少し動く
■瞑想を怠けそうなときは、とりあえず少し座る
■ランニングも瞑想も初心者はやりすぎないこと

8 モチベーションの保ちかた

ランニングと瞑想は、非常に個人的なアクティビティです。そのため、どちらも孤独です。この孤独は、二つのアクティビティが持つ性質の中でも特に良いものです。というのも、気持ちを奮い立たせるためのモチベーションを高めるからです。チベット語でモチベーションは「クンロン」と言い、「立ち上がる」という意味があります。文字どおり、難局に立ち向かう心のありかたです。インスピレーションが湧くとき、つまり自分が何のために何をやっているかをわかっている瞬間は、まるで弓から放たれる矢のようです。この矢が行くところならどこであれ、私たちの心と体という兵士は後についていきます。

人に瞑想を教えるときは、自分のモチベーションについて観想するように指示します。というのも、何をするにせよ**自分のモチベーションを理解する瞬間は絶対に必要**だと私は思うからです。ここで行う観想はシンプルなものです。**「私は何をしているのか？　なぜしているのか？」**。たとえそこで見つけたものが、自分のモチベーションが何であるかよくわからない、であっても、モチベーションがない、であっても、それは兆候として非常に手応えがあるものです。瞑想しているのが10分であれ10日であれ、モチベーションは欠くことのできない要素なのです。

ランニングにも同じことが言えます。申し分のないモチベーションがほんの一瞬でもあれば、自分を奮い立たせ、扉の外に出て、10キロ走れるのです。反対にモチベーションが低いと、ベッドからなかなか出られないと思うかもしれません。

私が走りはじめたばかりのころ、10マイル（約16キロ）がとても長く感じました。トレーナーのミスティ・チェックとマラソン・ランナーのジョン・プラットが私にマラソンを走るよう勧めてきたとき、怯えてしまいました。当時の私は、フルマラソンがどのくらいの距離かさえも知らなかったのです。多くの人と同じように、私にとって「マラソン」という言葉は、「とんでもなく長い道のり」という意味でした。想像しただけで疲れてしまいました。私のモチベーションは、この難局に立ち向かおうとは思わなかったのです。

しかしながら、「できるぞ」と思った瞬間は、モチベーションのおかげで心の矢を42・195キロ先まで放つことができ、真剣にトレーニングをはじめられました。数週間のうちに、マラソンを走るという考えに心が慣れてきて、私にとっての初マラソン、トロント・ウォーターフロント・マラソンに申し込みました。

瞑想から学ぶツールの一つに、モチベーションを適正なレベルへと上げる能力を伸

ばすというものがあります。心を観察して、心が何からモチベーションを得るのか、そのモチベーションを高めるのは何か、それを維持するのは何かについて注意を払うよう学ぶのです。

人生において、モチベーションを与えてくれる人がいるかもしれません。または、映画やテレビ番組からモチベーションをもらうかもしれません。たとえば、映画『炎のランナー』を見ると私はすぐに走りに行きたくなってしまいます。同様に、映画『ラスト・リミッツ　栄光なきアスリート』からも刺激を受けました。固い決意を持ったランナー、スティーブ・プレフォンテイン〔訳注：1970年代前半に活躍したアメリカの中長距離選手〕の話です。外からの刺激を探すのはとても簡単ですが、究極的には、自分自身でモチベーションを生み出すのがいちばんです。そうすれば、次のペップトーク〔訳注：選手を励ますための短い掛け声〕を待ち続けることはありません。**モチベーションの大前提は、大、中、小の三つのモチベーションには限界などない**ということです。瞑想の伝統において、私たちは**大、中、小の三つのモチベーション**という話をします。小さなモチベーションを掻き立てるには、瞑想の実践が私たち自身に役立つのだと観想します。精神的・身体的苦悩の軽減に役立つ、善良なる態度を伸ばすことができるのだと観想するのです。中くらいのモチベーションは、現実の本質や、注意力散漫や、習慣的なパターンの奥には何があるのか、といったことを見つけるのに瞑想を活用できると理解することです。壮大なモチベーションとしては、悟りの境地に達して生きとし生けるものすべてに手を差し伸べるというものです。**モチベーションを奮い立たせるというのは、何ができるかできないかではなく、自分がどこまで伸びるのか知ろうとすることです。**自分のモチベーションを観想するとき、自分だけを心配している状態から、世界全体を大切に思うよう心構えが広がります。

この大、中、小のモチベーションは、瞑想と同様にランニングにも適用できます。ペースが大切です。たとえばモチベーションがまったくないなら、突然、大のモチベーションに広げるのはあまりにも大きな一歩すぎるかもしれません。ですので、モチベーションを上手に適用するには、**小のモチベーションからはじめましょう**。疲れていて走りたくないのに、10キロ走るべきだと自分に言い聞かせると、余計に疲れてしまうだけかもしれません。しかしもっと小さなモチベーションなら、20分のランニングならできるかな、と自分を納得させられるかもしれません。そして外に出てわずか20分走っただけでも満足感を得られるでしょう。また、わずか20分を終えたら、30分、40分走っている自分に気づくかもしれません。

モチベーションとは、自分を騙すことではありません。**自分の心を広げ、心の限界を広げること**なのです。ランニングのたびに目的を持つべきです。さらに上のモチベーションを持って自分自身に挑戦する必要があるときもあるでしょう。たとえば、これまでは10キロしか走っていなかったけど、15キロ、20キロ走ろうと自分に課すのです。たとえたった1キロ先に行けただけだとしても、モチベーションのおかげで前進できたことになります。

同様に、15分の代わりに30分間瞑想してみようと挑戦するかもしれません。もしくは、テクニックにもっと注意を払ってみようというモチベーションを奮い立たせることもできます。自分がなぜ瞑想するのかを思い出してください。心に取り組んで、自分の生活におけるアクティビティのバランスを取るためです。モチベーションとは、瞑想する場に自分自身を連れてくるというだけではありません。

自分のモチベーションのレベルに注意を払うと、日常生活の役にも立ちます。もし朝起きたときのあなたのモチベーションが、ほとんど人と触れ合わず、帰宅してできるだけ早く床に就く、というものだったら、その日起こるほとんどがあなたにとって邪魔になるため、あなたはつらく感じ、イライラしてしまうでしょう。少しだけ大きなモチベーション（たとえば、その日は生きていることに感謝するために使うというモチベーション）が広がりをつくり出し、もっとずっとたくさんのことが起こるでしょう。**朝目覚めたときに自分のモチベーションをはっきりと表現し、広げる**という行為には、その日全体を変えるだけの力があります。

大、中、小のモチベーションに加えて、**短期間、長期間のモチベーションもあります**。大きな何かを達成したいなら、何らかの長期的なモチベーションが必要です。長期的なモチベーションがなければ、短期的なモチベーションは単調なものになります。たとえば、長期的なモチベーションがオリンピック出場だとしたら、あなたの人生の推進力となるこのテーマのおかげで、あらゆるトレーニングをより大きな視野で見られるようになるでしょう。その長期的なモチベーションから、短期的なモチベーションが生まれます。毎日トレーニングに努力を惜しまず、常にレベルを引き上げるようになるでしょう。

一方で、短期的なモチベーションを持たずに長期的なモチベーションを持つと、圧倒されてしまうかもしれません。その長期計画を前に進める手立てがないからです。そして長期的なモチベーションを見失ってしまいます。そうなると、ランニングまたは瞑想の頻度が下がってしまいます。意味がないとか、圧倒されてしまうと思えてくるかもしれません。この**二種類のモチベーションのバランスを保ち続ける**ことが非常に重要です。

私たちは常にモチベーションを持っているものです。ランニングや瞑想へのモチベーションが低くなってきたら、休んだりテレビを見たりするモチベーションが高くなります。これは「**ネガティブ・モチベーション**」と呼ばれますが、実際はモチベーションとは反対のものです。高まる代わりに、心はその中で崩れてしまいます。圧倒された感覚を抱くとき、もしくはモチベーションを感じられないとき、私たちは中立の状態に戻るというわけではありません。むしろ、心は沈んでしまうのです。必ずしも落ち込むというわけではありません。**心が何かをできる理由を探すのと対照的に、できない理由を探してしまう**のです。心がこのように沈むと、何かをするよう自分に言い聞かせるのではなく、何かをしないよう自分に言い聞かせます。瞑想は、私たちの心の態度におけるこのような変化に気づくのに役立ちます。しばらくすると、ランニング中にも気づけるようになるでしょう。

ランニングと瞑想のどちらも、成功するか否かはモチベーションを操る能力にかかっています。モチベーションの操作のポイントは、成功への欲望にモチベーションを向けることでは必ずしもありません。これでは野心になってしまいます。そうではなく、**自分には何が可能かを理解できるようにする**のがポイントです。

私が初めてマラソンを走り終えたとき、そこには厳しいトレーニングを経た何千という人たちもいたわけですが、その喜びは、モチベーションを満たした体験からきたものでもありました。**適切なモチベーションがあれば、自然と成功を手にします。**それが、レース当日にランナーたちに笑顔をもたらしたものでした。**適切なモチベーションがあれば、私たちは誰もが勝者**なのです。

Point

■ **ランニングも瞑想もモチベーションを高めるのに最適**

■ **目標の難易度ごとに、大・中・小のモチベーションを設定**

■ **目標達成までに、長期的・短期的なモチベーションを設定**

■ **モチベーションは日常生活でも生かせる**

9 初めてのマラソンを走った日

カナダのトロント・ウォーターフロント・マラソンで私が初めてマラソンに挑戦したときのいちばんの目標は、単に完走することでした。どんよりした灰色の寒い朝、いつも元気いっぱいのトレーナー、ミスティ・チェックと、ベテランのマラソン・ランナー、ジョン・プラット、そしてプロのクロスカントリー・スキー選手ニック・トラウツと一緒でした。私たちは全員、夏の間トレーニングを重ねていたので、期待感が漂っていました。

チベットの高僧（ラマ）がマラソンを走るのか、と人々は驚いていたようでした。トロント・シャンバラ・センターの人たちや地元のチベット仏教のコミュニティがこの大会を支援するために、コース上で水やエナジージェルを配るボランティアをしてくれました。こうした人たちの多くもまた、これまでマラソン大会の会場に行ったことがなく、「初めて」を経験する人たちばかりで、好奇心やワクワクに満ちた一日となりました。

寒いなかストレッチしたり軽く走ったりしながらスタートを待っている間、私は新しい靴下を履くことにしました。「レース当日は新しいものを使うな」という格言を無視したのです。運が悪いことに、私は間もなくこれが何を意味しているのか知ることになります。しかし経験が浅くレースが初めてだった私は、初マラソンに新しい靴下を履くというのはぴったりな気がしてしまったのです。

私たちはスタート・エリアに入りました。そして号砲です。集団のなかにいたため、最初あまり動きはありませんでした。でもその後ランナーがバラバラになって動きがあり、私たちは抜け出しました。私は緊張していました。これまで人生でいちども走ったことのない距離を、この日走ることになるのです。**ランナーとしては、あまり速く行きすぎないという戦略を立てていました。瞑想実践者としての戦略は、レース中は意識をいまに集中し、ずっとリラックスしていること**でした。たくさんのランナーたちがすごい勢いで追い越していきました。

私たちは何千という人たちと一緒に、トロントの道を走り抜けていきました。1マイル（約1・6キロ）ほどのところで、自転車に乗った誰かが、「あと残り、たった25マイルだ！」と叫びました。あまり慰めにはなりません。最初の数マイルはよく走れていたのですが、しばらくして、靴下が擦れているのに気づきました。6マイル（10キロ弱）あたりで、水ぶくれができてしまいました。ミスティが、調子はどうかと聞いてきました。他はまったく調子が良かったのですが、水ぶくれがレースの脅威になり得ると私は気づいていました。

水ぶくれが左足の母指球を覆うくらいに大きくなっており、じわじわと中央部にまで広がっているのを感じました。足が、痛みでズキズキと脈を打ちはじめました。ジョンが調子はどうかと聞いてきたとき、水ぶくれのことを言ったら心配させるだけだとわかっていたので、大丈夫だと答えました。

瞑想の訓練を通じて、痛みに心を奪われるわけにはいかないと私は知っていました。そのため、私は**痛みに注意を払いはしたものの、心の中を痛みに支配させはしませんでした**。これは微妙なバランスです。痛みを無視したくはなかったのでそこに意識を置き続けはしたものの、同時に、痛みで心をいっぱいにするわけにはいかなかったのです。代わりに、自分が**マラソンを走れるくらいに健康だという幸運**に焦点を当てました。心地よく冷たいこの日の天気とランニング仲間に感謝しました。

レースがはじまって12マイル（20キロ弱）ほど行ったところで、決めなければいけないと思いました。走り続けるのなら、水ぶくれを潰さないといけないと。ここに詳しくは書きませんが、気持ちの悪いあの瞬間、私は水ぶくれが潰れたのを感じるまで足を強く踏みしめました。その後はただ、完走に気持ちを集中させました。

レースは、北米最長規模を誇るヤング・ストリートがコースのほとんどを占めており、トロント繁華街へと続いています。角を曲がると、自転車にまたがった男性がいて、通り過ぎるランナーに向かって何か叫んでいました。頭のおかしい人なのかもしれないと思ったのですが、実はこの男性は、自転車で移動しながらランナーを励ます人たちの一人で、元気づけようとそこにいたのでした。男性はこう叫びました。「**このときのために君らはトレーニングしてきたんだ!**」。私は、「確かに」と思いました。何時間もトレーニングを重ねてきたうえ、残すところあと数マイルだけとなったいま、気持ちよく完走するぞ、と心は固まっていました。スピードを上げ、はじめのころあまりにも速く走りすぎていまや失速してしまっているランナーたちを、最後の数マイルで追い抜かしました。出だしでほどほどに抑えた走りかたが功を奏したのです。

何千という観客が叫ぶなか、私たちは繁華街に到着しました。最後の数マイルはとても長く感じました。というのも、沿道の人たちが「もうすぐでゴールだよ!」と言い続けていたのですが、そんなことはまったくなかったからでした。ついにゴールが見えました。体はすっかり疲れきっていましたが、フィニッシュラインを越えたときはみんな笑顔でした。私たちのグループは全員が完走できました。私も完走賞のメダルをもらいました。私の手の中に、バナナやミネラルウォーターのボトルを突っ込んでくる人たちがいました。観客や友達が待っている場所へ向かうと、私たちがやり遂げたと、誰もがものすごく喜び、驚いていました。まさにそのとき、私は足を引きずりはじめました。

主治医のミッチェル・レヴィーがそこにいて、私の調子を知りたがっていました。足に水ぶくれができていると話すと、「マラソンを走り終えたばかりだって考えると、その程度なら悪くないね」と言いました。しかし実際に水ぶくれを見たとき、ミッチェルは「何だこれ！」と声を上げました。患者に丁寧に接する医師なら「そんなに悪くは見えませんよ」と言ったところだったのでしょうが、本当のところ良くは見えませんでした。水ぶくれは足の裏に沿って11センチほど広がり、靴下と靴はすっかり血だらけでした。他のランナーたちはショックを受けていました。教えてくれればよかったのに、と言われましたが、言っても意味はなかったでしょう。ドラマティックな一日のドラマティックな終わりでした。

私たちはホテルに戻り、シャワーを浴びてから、打ち上げのディナーに出かけることにしました。数ブロック離れた場所にあるレストランへ向かおうというとき、私たちを世話してくれていたサラ・スローンが聞いてきました。

「歩いて行きますか？　それとも車で？」

私はサラのほうに振り返り、笑顔で言いました。「どっちだと思う?」

Point

■レース当日は新しいものを使わない

■つらさに心を支配されたら、心を別の思いに向ける

■「いま」に意識を集中する

10 走ることで「四つの尊い存在」になる

私が走りはじめたのは、単なるエクササイズとしてでした。しかしながら、はじめるとすぐに、自分が人生で学んできた瞑想の原則のいくつかを適用させていることに気づきました。ここから、トレーニングを四つに分割するようになりました。タイガー、ライオン、ガルーダ、ドラゴンです。戦士の気質を伝統とするシャンバラにおいて、これらの生き物は「**四つの尊い存在**」と呼ばれています。そしてこれらは、勇敢な人物の内なる成長を表しています。バランスと高潔さを成長させるということです。その結果は、**長寿、健康、成功、幸福をもたらす能力である、強い風の馬「ルンタ」となります**。

シャンバラとは、中央アジアにあったとされる古代の国で、統治者も国民も、深い悟りの境地に達していました。社会全体が、人間が生まれながらにして持つ「基本的な善良さ」の上につくられていたと言われています。

シャンバラの教えは、**人の基本は善良さであり、人の自然なありかたは壮麗である**としています。こうした気質は、精神世界というわけでも、現実世界というわけでもなく、ただ生まれつきのものです。見つけてもらうのを待っているのです。シャンバラの教えは、何世紀にもわたって受け継がれてきました。私はこうした教えを受け継ぐ人物であり、身につけた人物です。シャンバラの教えは、勇気という概念が特徴です。果敢に、しかし攻撃性は持たずに、人生に取り組んでいきます。シャンバラの道はそのため、戦士の道なのです。

戦士道は、**タイガー**からはじまります。マインドフルネスの原則であり、充足感へとつながっていきます。このフェーズでは、テクニックや細心の注意を払う方法について取り組みます。基礎はここで築き上げます。タイガー・ステージでは、**いかにして集中するか**を学びます。同時に、**やりすぎないよう取り組み**ます。そうすることで、同時に穏やかさも発展させられるのです。要するに、マインドフルネスと集中に取り組むことで、私たちは自分が何者かを受け入れ、感謝するのです。

シャンバラの教えでは、**タイガーは自分自身にやさしく、他者には慈悲深い存在**です。瞑想において、これは自分自身を受け入れ、他者に感謝するということを意味します。ランニングに関しては、自分自身にやさしくするということは、ランニングする心にやさしくするということです。慈悲深くいるということは、自分の体に慈悲深くいるということです。

タイガーが力強いのは、タイガーが完全に自信を体現しているからです。タイガーは、木に足を取られたり枝を折ったりするような、だらしなく軽率な存在ではありません。むしろ、優雅でありながら力強く動きます。これは、自分自身の存在を完全に掌握できているためで、体現する際の原則です。さらに、タイガーは極めて注意深いものです。これは、ランニングの最初のフェーズを描写するのにぴったりだと思います。どのウェアが適切なのか、姿勢はどうすればいいのか、そしてどのくらい走ればいいものなのか、などについて学んでいる段階なのです。がむしゃらにやりすぎるのではなく、自分がより正確に、より強くなっていく様子を見ながら、いくぶん注意深く前に進んでいきます。

次のフェーズはライオンです。**ライオンは、喜びと関連**づけられています。チベットでは、スノーライオンがヒマラヤに広がる野の花の中を飛び跳ね、新鮮な山の空気を存分に吸いながら活力に溢れている姿が描かれます。シャンバラの教えにおいて、トレーニングにおけるこのフェーズは、**善行がもたらす喜び**に関連づけられています。慈悲や思いやりは、身勝手さや攻撃性よりも勝るという美徳が持つ力を、ライオンは表しているのです。

そのためライオンは、元気で快活です。私たちはタイガーとして懸命に努力し、そしていま、健康と、それがもたらす自由を満喫しています。しっかりとした基礎を築き上げ、走りかたを覚えたいま、腕時計を投げ捨てて、扉に向かえるのです。何キロ走ろうとか、インターバルをどのくらい置こうとかはあまり気にせず、木などの自然や街並み、そして**生きていることを楽しむ**のです。

次のフェーズは、ガルーダです。ワシに似た伝説上の鳥で、翼の他に2本の腕を持っています。ガルーダは孵化するとすぐに、下に広がるあらゆるものを注意深く眺めながら、どの方向へも飛べるようになります。伝統的に**ガルーダのイメージは、心が持つ想像できないほどの力と荘厳さ**を表しています。ガルーダが極めて大胆だと言われているのはそのためです。無鉄砲というわけではなく、**畏敬の念を抱かせるような大胆さ**という意味です。瞑想を訓練している人がガルーダのフェーズに入ると、もはやどう瞑想しようか思案するようなことはありません。テクニックは体得しており、期待と不安という基準点の先へと進んだのです。ランナーにとっては、トレーニングにおけるこの大胆なフェーズは、じゅうぶん能力があり成熟したことを意味します。いまや、**自分自身に挑む**ことができます。もしかしたら、大胆なランニングへとつながるかもしれません。

四つのフェーズの最後は、ドラゴンで表されます。ドラゴンは空を舞い、いつも雲から姿を現して神秘的な雰囲気をかもし出します。アジアの文化において、ドラゴンは恐れたり、退治したりするべき存在ではありません。むしろ、**ドラゴンは智慧や知性、先見の明や全知**を表します。ランニングにおけるドラゴンのフェーズでは、**アクティビティのベースは知性と思いやり**にあります。もはや**自分のためには走っておらず、他の人が恩恵を受けられるよう走る**のです。自分自身を広げ、慈善活動や、たとえば世界平和などのために他の人たちと一緒に走ります。

これらの尊い存在は、一つの存在が次の存在へとつながるという意味で、進歩していきます。同時に、包括的でもあります。ライオン、ガルーダ、ドラゴンのフェーズでは、タイガーのフェーズから完全に立ち去るということはありません。これらの概念はすべて、互いに頼り合う関係だからです。この点から、ドラゴンの要素はタイガーのなかにも存在します。**各フェーズはある側面を強調する**ものなのです。

走る際に、タイガー、ライオン、ガルーダ、ドラゴンの原則を適用させることで、トレーニングにバラエティが生まれ、興味深く、楽しくなると私は思います。また、それぞれのフェーズを終えるときに深い満足感が得られます。もっとも重要なのは、こうした原則のおかげで私は、人に恩恵をもたらすためにランニングを活用できるようになったということです。**ランニングしているときに感じる喜びを、世界の他の人**

たちと分かち合えるのです。この後に続くチャプターでお読みいただけるように、ランニングと瞑想のいずれにおいても、これらのシンプルな原則は短期的および長期的にさまざまな方法で活用できます。こうした原則は、はじまりから完全な悟りにいたるまでの、心と心臓の成長を表しています。

Point

- ■ 瞑想もランニングも勇敢な人間の内なる成長と同じ四つの軌跡をたどる
- ■ タイガーはやりすぎないよう注意しながら、いかに集中するかを学ぶ
- ■ ライオンは善い行いによりもたらされる喜びを知る
- ■ ガルーダは不安や期待を凌駕する大胆さで自分自身に挑む
- ■ 全知の象徴のドラゴンは他者のために走る

■ 瞑想の9段階

原書（英語）の用語	九次第定 （各段階の日本での呼び方）	本書（日本語訳） の用語
Placement	第一禅	定置
Continuous placement	第二禅	継続定置
Repeated placement	第三禅	反復定置
Close placement	第四禅	近接定置
Taming	空無辺処	調教
Pacifying	識無辺処	鎮静
Thoroughly pacified	無所有処	完全鎮静
One-pointed	非想非非想処	一点
Equanimity	滅尽定 / 想受滅	平静

※「原書（英語）の用語」と「九次第定」は明確に合致するものではありません。
※この表は本書を理解しやすくするための目安としてお考えください。

Chapter 2

タイガー

集中力を鍛える

11 マインドフルでいるために

マインドフルネスの心構えでランニングをする際の重要な要素の一つに、自分の心と体を尊重するというものがあります。タイガー・フェーズでは、アクティビティに取り組む際の呼吸、姿勢、考え、感情、そして態度に対し、マインドフルでいるよう焦点を当てます。

瞑想とランニングのいずれにおいても、タイガー・フェーズは、それまで自分でも気づいていなかった自分の面を見せてくれます。自身の心の強さと弱さを間近に見つめることになるのです。タイガーはその謙虚さと誠実さの中で活気を取り戻します。

私が初めて瞑想をはじめたころ、**自分の呼吸をどんな風に感じるかに気をつける**よう言われました。呼吸の質感、呼吸が口と鼻孔から離れていくときの感覚、吐き出すのにかかる時間、吸い込むときの感覚。一つのシンプルな行動のために存在するというマインドフルネスの初歩的なスキルを、こうした簡単な指示によって身につけていきました。

呼吸に意識を集中するのは、どれほど難しいでしょうか？　最初のうちは、極めて大変です。呼吸に従っていると、コーヒーをいれる香りやバスの音など、自分の感覚器官に気を取られてしまいます。こうした気をそらせる物ごとに考えが掻き立てられ、心は考えを追いかけて行きがちになってしまいます。その瞬間、やろうと思っていたこと、つまり呼吸を意識することに集中できなくなってしまうのです。**目にするものから、耳にするもの、考えるものへと心が飛び回り続けるとき、それはマインドフルネス泥棒である集中力散漫の状態**です。

私たちは、マインドフルネスを使って対象物に意識を持っていき、そこに集中させておくという能力のトレーニングをしています。心の筋肉を鍛えているのです。マインドフルネスはトレーニングすればするほど強くなっていきます。最初の段階では、私たちはまるでジムにいる子どもです。1キロ弱のダンベルをわずか数秒しか持っていられないのです。すぐに気が散ってしまい、ウェイトを落としてしまいます。ウェイト・トレーニングでは、努力を続けて重さを上げていきます。筋力がつくのは当然であり選択の余地はありません。同様に、瞑想においても、**マインドフルネスのトレーニングを続けていけば心は強くなります**。

タイガー・フェーズの間、私がもらったいちばんのアドバイスは、**自分にやさしくする**というものでした。私たちは何も、自分をつらい目に遭わせるためにマインドフルネスの心構えでランニングしようとしているわけではありません。タイガーと関連するシャンバラのスローガンは、「自分にやさしくする」です。**良き友とは、****私たちが良かれと思っていることを念頭に置いてくれるもの**です。友達は私たちに向かって、「お前の瞑想はひどいなぁ」とか、「お前には走れっこないよ」などとは言いません。友達は励ましてくれ、そもそもなぜ私たちがランニングや瞑想をはじめたのかを思い出させてくれます。そして続けられるよう協力してくれるのです。いちばん大切なのは、**友達は、私たちが自分の成長にベストなことをするよう願ってくれる**ものなのです。つまり、**自分にやさしくするということは、自分にゆとり、誠実さ、ユーモアを与えてあげるということ**です。マインドフルネスと、友達のようなやさしさの組み合わせが理想的です。

瞑想をはじめると、最初のうちは30秒しか呼吸に意識を集中させておけませんが、それが45秒、1分半とできるようになっていきます。自分は鍛えているのだ、とやさしさをもって、自分に言い聞かせ続けましょう。心はゆっくりと強くなっていき、その結果として、よりマインドフルになっていきます。このマインドフルネスは、どんなものであれタスクの遂行に役立ちます。というのも、感覚認識は鋭くなり、記憶力や集中力は高くなり、他の人に注意をしっかりと払えるようになるからです。

マインドフルネスを伸ばすことで得られるさらに大きな恩恵は安定です。私たちは、心が意図したものを維持し続けられるようトレーニングしています。マインドフルネスをまるで凧の糸のように使って、心が考え（ポジティブでもネガティブでも）という風に乗って流れていってしまわないようにしているのです。マインドフルネスがもたらす安定によって、心は取り乱したり心配したりすることが少なくなります。瞑想のおかげで落ち着く、と人が口にするとき、それは多くの場合、この心の安定について言っているのです。安定した心は、より幸せで満ち足りた人物の基礎をつくります。

マインドフルネスは、心の安らぎと満足感をもたらします。まるで身づくろいをしているタイガーのように、いま自分の手元にあるもの以外、何も必要としないのです。タイガーはその瞬間だけに非常に意識を集中しています。私たちが**いまという瞬間に強く意識を集中すると、さらなる健康と力を発揮します**。精神的にゆったりし、極めてシンプルに、これまでよりも幸せになるのです。人が瞑想を続けるのはそのためです。瞑想が、健康という基本的な感覚をもたらしてくれるのです。この健康な状態にいると、心はさらにポジティブな考えを生み出すようになり、その結果としてポジティブな行動を生み出すようになります。こうしたポジティブな考えの多くは実は心の表面のすぐ下に存在しているのです。

瞑想で集中し続けていられないとマインドフルでい続けられず、そのためだらけてしまい、あきらめてしまいます。自分自身にやさしくしてもいないため自分を責めてしまい、瞑想の経験すべてがつらくなってしまいます。もしくは自分のマインドフルネスの状態に夢中になり、その享楽にふけってしまうかもしれません。執着した状態になり、いまという瞬間に集中する気が削がれてしまいます。**マインドフルネスそのものは心の行為として非常に中立的なもの**です。どんなことを維持するにも使えます。マインドフルになれないとき、それはマインドフルネスのせいではありません。むしろ犯人は、集中が途切れたことに対するあなた自身の反応なのです。

マインドフルネスは、あなたが対象物に意識を集中し続けられるか否かを気に留めたりなどしません。そのため、呼吸（または呼吸以外のものに意識を集中させているならその対象物）から意識が離れてしまったときは、自分にやさしくしてあげるべきです。瞑想の初心者は自分がいまその瞬間に集中していないと気づいたとき、自分を厳しく非難するか、自由放任になるかのどちらかになりがちです。ですから、**たったいま起こったことに対して寛容でありつつ、確固たる姿勢を持つ**ようにするといいでしょう。マインドフルネスの欠如に過剰に反応すると、とりとめのない考えを引き起こしてしまいます。やさしさがカギです。

もし、瞑想で心を安定させてマインドフルネスを追求することに真剣に取り組まないのなら、当然ですが、結果を実感することは決してないでしょう。そのため失望して、あきらめてしまうかもしれません。心があちこちに飛んでしまうような状態は実のところ、体の負担になります。神経が高ぶって疲れ果てた感じになり、絶頂期のタイガーというより、おびえたシカのようになってしまうのです。幸いにも、マインドフルネスには改めて取り組み直すことができます。瞑想から得られる利点を思い出しながら、自分にやさしく、親しみをもって、確固たる姿勢を保ちましょう。

タイガー・フェーズは、私たちが瞑想実践者として、そしてランナーとして自分の個性を築きはじめる場所です。自分がいかに集中できているか、またはできていないかがはっきりとわかります。自分がどれだけ多くの考えを持っているかを知るようになるのですが、多くの場合、こうした考えがいかにとりとめなく、奇妙で、ときにはネガティブでさえもあるものかと驚かされます。**私たちは走れるかもしれませんが、走って自分から逃げることは、もはやできません。**マインドフルでいるとはどんな感じかを知ってしまったからです。この理解が、瞑想用クッションの上でも、またはランニング・コースの上でも、極めて重要になります。本書の後半のチャプターでは、マインドフルネスをいかにしてランニングに活用できるかをみていきましょう。

Point

■ 呼吸に意識を集中することはマインドフルネスの初歩的な訓練になる

■ マインドフルネスは鍛えられる

■ マインドフルネスの訓練で集中力や記憶力が向上する

■ マインドフルな状態は心の安定と満足感をもたらす

12 姿勢は意識しなければ改善しない

タイガー・フェーズでは、心の強さと集中力を伸ばすことに取り組んでいきましょう。マインドフルネスとやさしさをもって、心はいま何をしているのかを知る能力を伸ばしていきます。自分のランニング・フォームをただ意識するだけでも非常に役立ちますので、姿勢に焦点を合わせましょう。

トレーニングのこのパートは、自分の姿勢を見て、体がきちんと軸に沿っているかを確認する内容になっています。**瞑想の姿勢と同じように、ランニングの姿勢もバランスが取れていて対称である**必要があります。左右対称の姿勢で走らないと、不自然な角度ができて、一方の関節により多くの圧力がかかってしまいます。これがケガにつながりかねません。

角度が悪い椅子や猫背が原因で、座ったり歩いたりする際の姿勢が悪くなり、筋肉がこわばったり、体に不均衡な緊張ができたりしてしまうことがよくあります。そのためランニングの姿勢は最初、バランスを欠いていて軸がずれているかもしれません。ランニングの正しい姿勢を習慣づけるには、いまのうちに意識することです。またこうしてマインドフルでいることで、ランニング後の姿勢もよくなるかもしれません。

ランニング中は、気が散ってしまうものがたくさんあります。ですから、姿勢にずっと意識を集中させておくのは難しいでしょう。向こうからやってくる車を避けたり、腕時計に目線を落としたり、持っている給水ボトルから水を飲んだりしなければいけないかもしれません。タイガー・フェーズにおけるポイントは、**ランニング中にこれまでより長い時間、自分のフォームを意識して過ごす**ということです。

姿勢から意識が離れていってしまうようだったら、呼吸ごとに意識を姿勢に戻すようにしましょう。気が散って忘れてしまうかもしれませんが、ふと気づいたらすぐにまたはじめましょう。45分間のランニングでたとえ15分だけでも意識を姿勢に置くよう覚えていられれば、心と体に有益です。

ランニングには、いろいろな姿勢に重点を置いたさまざまなテクニックがあります。その多くを試しましたが、私はやはり瞑想に役立つと思うテクニックに立ち返ってしまいます。へそから体の真ん中を通って口そして鼻孔へと続くつながりを感じるのです。走るときは**目をリラックス**させて、全体的な**意識はそれまでの頭から、もっと体の中心部へ**と下ろします。積極的に意識はせずに、目は見て、耳は聞いて、鼻はにおいをかぐように任せます。たとえば料理する際にはこうした感覚器官に特に注意を払うところですが、自然に任せるようにするのです。

腰で骨盤が若干前傾した状態を保つことで、背中の曲線が自然なものになります。私は頭と肩を強調したまっすぐな姿勢を保つよう努めています。また、肺が体の前面だけでなく背面にもあると覚えておくようにしています。まっすぐな姿勢により、心血管系はもっとも効率よく使われます。瞑想において、背中を丸めて猫背になった姿勢では先々に体の痛みが出るようになるばかりでなく、考えごとが多くなってしまいがちになります。

私たちはランニングを主に脚の動きとして捉えるため、初心者の多くは胴体をまっすぐな姿勢に保ちません。姿勢が前方に崩れると、肺に圧力がかかったり前のめりになったりして、前方に余計な体重がかかってバランスが崩れてしまいます。また、脊椎に不要な圧力がかかって内臓が歪んでしまいます。**瞑想と同様にランニングは、リラックス、正しい姿勢、対称性が独特に組み合わさったもの**なのです。姿勢に気をつけて、ある程度自分を律してそれを保つようにすれば、すがすがしい気持ちと喜びが湧き出てきます。**良い姿勢は良い瞑想と良いランニングをもたらす**のです。

初心者は多くの場合、脚を余計に高く持ち上げればもっと速く走れると考えるものです。しかしうまい走りとは、特定の努力からどんな結果を得られるのかを理解していることです。私は走るとき、より効率良い脚の運びをつくるのにじゅうぶんな高さだけ脚を上げるようにしています。つまり、脚の動きを極力少なくしているのです。当然ながらダッシュするときは、異なる結果を求めるため異なるアプローチをするでしょう。

走りながら地面に足が着くのを感じるとき、**どのようにして着地しているか**に注意を払ってみてください。足が着くとき、かかと、中央部分、それとも母指球からですか？　過回外〔訳注：かかとが外側に倒れている状態、オーバースピネーション〕だったり過回内〔訳注：かかとが内側に倒れている状態、オーバープロネーション〕だったりするなら、マインドフルネスを使ってそうした傾向のバランスを整えられるようになっていきます。

私のかかりつけの理学療法士であるピーター・グッドマンにある日、「良い角度で着地できるように瞑想の力で訓練し直しましたね」と言われました。私はランニング中、過回外になる傾向があったのですが、もっと足の真ん中で着地できるようになりました。これは偶然起こるものではありません。注意を払った結果です。当然ながら、私たちは誰であれそれぞれ自然な傾向があり、体は一人ひとり異なります。その点から言えば、**完璧なランニング・フォームなどは存在せず、あなたにぴったりのものがあるの**かもしれません。

私は意識的に、足の前部分である人差し指のすぐ下で着地するよう努めています。これをすると、一筋の圧力が足裏の真ん中からむこうずねを通って、ももへと上がっていき、股関節まで通っていくのを感じます。腰をリラックスさせて、胸骨の裏にある脊椎と内ももの間に位置する大腰筋《だいようきん》が脚を引き上げはじめること、そしてこの大腰筋は実は胸骨の裏にある脊椎の、胸骨の下からはじまっていることを思い出すようにしています。そこで私は、胸骨のすぐ下、胴体と背中の上部から脚がはじまっているよう視覚化します。脚を動かす股関節屈筋群がはじまるのがそこだからです。このように見ることが、下半身と上半身の統合に役立ちます。そして腕と手のひらをリラックスさせて、自然に振れるようにします。ランニングまたはウォーキングの動きが体全体に統合されていくと、草が風に揺らめくように、体の動きは滑らかになります。

人生の他の部分にあまりにも意識を集中していると、ランニングに注意を払えないかもしれません。そのためランニングへの取り組みが中途半端になり、注意力を欠いて、つまずいたり転んだりするかもしれません。そこで、私は**走りはじめる前に行き先や走る時間を決める**ようにします。こうした**基本的な条件の中でリラックスして、他の活動や計画、心配ごとを意識的に手放す**よう努めます。ランニングとそれがもたらす恩恵を楽しむために、非常に重要なポイントです。

タイガー・フェーズで使える別のテクニックに、**走っている間に呼吸を数える**というものがあります。静かな場所を見つけ、ちょうどいい距離（約4・5〜6メートル）のあたりに視線を落とします。吸い込む息と吐き出す息一つひとつに注意を払いましょう。全力でダッシュしていないという前提で、深い呼吸一回につき10歩くらいかけます。この練習は、ゆったりとしたペースで、交通量のあまり多くない、足場の良いところでやるようにしてください。

呼吸を1から10まで数え、その後また1に戻ります。このようにして呼吸を100まで数え続けるのもいいでしょう。もしつい**空想にふけってしまうようなら、姿勢に意識を戻してください**。いまいる場所を見て、足元の地面を感じてください。走っている道、歩道、木に視線を向けてみてください。そして、**そこから意識が戻ったら呼吸に注意**を払い、タイガーのトレーニングを再開させてください。こうしたエクササイズを通じ、あまり集中しすぎないような丁度いいバランスを見つけるようにしましょう。そうでないと、つまずいたり車に気づかなかったりするかもしれません。逆に、テクニックに対してあまりいい加減だと、いつの間にか考えごとをしてしまうでしょう。

他のタイガーのランニングとしては、ヘッドホンをせずにランニングをしたり、ジムにいるなら雑誌を読んだりテレビを見たりせずに走ることもできます。もしくは、友達と一緒に走ることが多く通常はおしゃべりしながら走るなら、沈黙でのランニングを楽しんでみてください。その代わりに、天候に注意を払ってみましょう。もし寒ければ寒さを、暑ければ暑さを感じてみてください。

ヘッドホンをして走るのに慣れていて、体に不快感を覚えるようになったら、ヘッドホンを外して自分の心に向き合う良い機会かもしれません。**痛みの多くは精神的なものだと気づき、慌てないように**努めましょう。痛みに向けて深く息を吸い込み、リラックスします。ストレッチする必要があれば立ち止まり、少しストレッチをしてみましょう。ペースを落とします。このようなときは、ランニングの恩恵を思い出してみると助けになります。自分を励ましてみてください。**ネガティブな考えが浮かんで来たら、ポジティブな考えに換える**ようにしてみましょう。

Point

- ■ いままでより姿勢に注意する時間を増やす
- ■ 着地のクセを意識する
- ■ 沈黙でのランニングで意識をコントロールする訓練をする

13 身体的違和感は進歩のサイン

瞑想をはじめるにあたり、体がつらくなる経験をすることがよくあります。こうした感覚のほとんどは、長い時間じっと座るのに慣れていないことが原因です。瞑想の開始後に少し時間がたって落ち着いてきたら、背中やひざがわずかに張った感じがするかもしれません。うずきや痛みが起こるかもしれません。また、かゆくなったり、他のちょっとしたことが気になったりしている自分に気づくかもしれません。

このフェーズは、感覚のマインドフルネスとして知られています。私たちがここで行っている練習が進んでいく中にある自然な段階です。こうした**イライラの大部分は、精神的**なものです。意識が体の中に落ち着いてきており、**さまざまに起こる感覚のわずかな変化にも心が気づきはじめている**のです。こうした小さなイライラのほとんどは、放っておくべきです。心は自然とリラックスしはじめるでしょう。もしあまりにもイライラしてしまうようであれば、姿勢を変えたり、体を動かしたり、掻いたりしましょう。そのうち、どうすべきか判断できるようになってきます。しかし想像力を働かせて、実際に何ができるだろうかと考えれば、体の不快な症状に邪魔されずに瞑想を実践し続けるためのさまざまな方法を見つけられます。

同様に、走りはじめるといろいろな感覚に気づくでしょう。なかには、こうした感覚に当惑してしまい、あまり気にしないよう努めるランナーもいます。このような感覚はときに不快なので理解はできます。しかしこうした不快感のほとんどは、本質的に心が体についていろいろと気づきはじめているということです。一般的にこうしたうずきや痛みは表面的なものです。**私たちが感じているのは、体の痛みというより心の気づき**なのです。ですので、こうしたさまざまな感覚に注意を払ってください。なぜならマインドフルネスの大きな部分を占めるのは、**自分がどう感じているかに気づく**ということだからです。体の硬さやうずき、痛みに焦点を当てましょう。こうした感覚が存在すると認めることで、それらから逃げなくてよくなります。わずかな**不快感を抱くのは実のところ、その瞬間に存在するために、心理面での大切なステップ**です。あなたはその日一日中、体のこわばりを感じていたかもしれませんが、走り出したいま、それに完全に気づいたのです。**このようなマインドフルネスは意識がより鋭くなったという証拠**で、考えや感覚の一つひとつに気づけるようになったということです。

心と体の感覚に注意を払うことにより、あなたは自分自身と自分のランニングの両方にパワーを与えています。**心と体に対するこのような敬意を発展させることにより、**

ランニングを単なるエクササイズから、発見と成長の旅へと変えるのです。ランニング中に自分が何を感じているかに敬意を払うことで、あなたが生きているまさにその人生で自分自身を大切に思えるようになります。

このようなマインドフルネスは、単に脳で起こっているものではありません。心を紛らわせることなく自分の感情にマインドフルでいることは、体にも効果があります。体にマインドフルでいると、酸素の流れ、神経系、さらには体中を走っているさまざまな経絡を刺激しはじめます。そのため、このレベルのマインドフルネスは自然と、より多くのエネルギー、強さ、バイタリティを与えてくれます。

体は最初、どちらかというと硬く、活気がないように感じるかもしれません。ランニングの後半になると、体は滑らかで強くなってくるでしょう。その後、疲れを感じます。このような段階の違いに注意することで、自分自身を発見し続けるためにランニングが瞑想的なものになるだけでなく、この経験が興味深く、成長を助けてくれるものとなります。現代の科学により、人間の意識は単に脳だけでなく体全体にあることがわかっています。そのため、**体に意識を払うことで心にも意識を払っている**ことになり、つまりは**あなたが何者であるかにも意識を払っている**ことになります。

ケガは多くの感情をもたらしますが、ケガしていいタイミングなどは絶対ありません。たいていは思いもよらないときに起こります。ケガをしたら最初の数カ月が重要です。できるだけ早くケガをしたと認めるべきでしょう。**ケガを認めるのは負けではなくむしろ勇気**を示します。ケガを無視すると回復に時間がかかります。

集中トレーニングの最中にケガをした場合、腹が立ったり動揺したりしてしまうことも多いかもしれません。そんなときは、忍耐強さが味方になるでしょう。

同時に、ケガを言いわけに水泳やその他のクロストレーニング〔訳注：複数の運動を取り入れたトレーニング〕など、他のエクササイズもしなくなるようではいけません。体をアクティブな状態にしておくのは回復の助けになります。しかし熱心なランナーなら、じっとしているほうが難しいかもしれません。忍耐強くないと、早すぎる段階でランニングを再開しようとしてしまい、ケガを悪化させてしまいます。**ケガが治るまでじっと待つ時期は、瞑想に取り組むのに絶好の機会**です。私は、**リハビリテーションそのものが練習になる**ことに気づきました。その日その日で、自分がどう感じるかを判断し、それに応じた適切なこと（もしかしたらじっとしていることかもしれません）を行うのです。ケガから回復するまでの時間は、断固とした態度とやさしさを鍛える心のトレーニングに当てることができます。

タイガーのトレーニングの結果は、自分自身にやさしくいること、そして体にマインドフルにいることから生まれます。体がよりパワフルでしっかりしてくると、この取り組みの結果は体に現れはじめます。より**強いカリスマ性と品格がランニングに現れる**ようになるのです。自分の体にしっかりとマインドフルでいられるアスリートは、その結果、パワーと力がにじみ出てきます。タイガーの要素が現れているのです。このようにして、肉体的な迫力で他のアスリートを圧倒できるかもしれません。自信があまりないアスリートの心は、考えが次々とせわしなく浮かんで気が散り、体現されるパワーは少なくなります。

体現は、心が完全に体を満たし、心と体が同調しているときに起こります。完全に満ち足りて生き生きしているという感覚です。豊かで力強い感覚で、これが起こっているときは自分でわかります。もっと重要なのは、自分でそれが実際に感じられるということです。心と体は分断されたものではなく、調子がずれたものでもなく、対立したものでもありません。生理学的なレベルで筋肉はより力強くなり、私たちはいまという瞬間によりしっかりと存在して、自分をよりパワフルに感じます。絶頂期のタイガーのように、最高の気分になるのです。反対に、心が体から離れてしまうと空気が抜けた風船のようになります。透明で弱く感じるのです。体現できていないと非常に気が散漫になります。

そのため、身体的な活動のなかに自分の心が体現できているとき、マインドフルネスはいたって自然な結果です。その瞬間に存在し、心が乱れていない状態というのは、簡単なことなのです。タイガー・フェーズは、体現の原理を教えてくれます。チベットではこの体現を「ルンタ」または「風の馬」と呼んでいます。風の馬はエゴのない状態から生じるパワーです。このレベルのマインドフルネスは、思い上がったエゴではありません。むしろ、注意力が散漫になっていない、マインドフルな心が体現された人間の姿なのです。

Point

- **わずかな不快感に気づくのは感覚のマインドフルネスの成果**
- **心と体への気づきを発展させるとランニングは発見と成長の機会に変わる**
- **ケガを認めることは敗北ではなく勇気**

14 ランニングは「心を込める」機会

マインドフルでいるとは、単に足を交互に前に出し続けながらランニングのコースを見つめるというだけではありません。ランニングに取り組む際の姿勢、つまり心を込めること、そして感謝することでもあります。走っている間は自分の心と感覚を避けてその後にマインドフルネスを試そうとする場合、一時的な恩恵なら経験できるかもしれません。しかし自分の行動に熱心に取り組むことなく、マインドフルネスのテクニックを少し使うだけでは、瞑想の心構えでランニングする役にはあまり立たないでしょう。

マインドフルネスは探究的にあらゆることに関心を持ち、さまざまなことに気がつくということです。そのため心は、何であれそのときに取り組んでいることで満たされます。これは半分だけ、または四分の一だけ満たされている状態とは異なります。それではマインドフルになっているとは言えません。ランニングの際にマインドフルネスが足りないと、道ばたでつまずいてしまいます。瞑想では考えに邪魔されてしまいます。

タイガーのレベルにおいて、**マインドフルネスとはランニングにしっかりと心から取り組むこと**を意味します。ランニングという行為を自分という人物を表すものとして見るのです。自分の行為が意義深いと思えば思うほど、より意義深くなっていきます。ランニングが短距離にせよ長距離にせよ、心を込めて走るという姿勢は、満足、熱意、活力をもたらします。

これからランニングや運動をはじめようとする人たちのなかで、この**心を込めるという原則のせいで挫折する人は多くいます**。というのもこうした人たちは、心と比べ体が二の次と考えているか、身体的な活動をちょっとした趣味もしくは義務だと捉えており、精神的に身が入っていない状態だからです。最終的にランニングという行為までたどり着けたとしても、100パーセントの体を動かすのに心の四分の一しか使わないのです。

瞑想をはじめたころ、私は非常に重要なことを学びました。**自分がしていることを自分が尊重しないなら他の誰も尊重してくれない**、ということです。さらに、自分自身そして自分の行動をひとたび尊重してしまえば（自己中心的なものではなく感謝と自尊心をもって）、すべての行動が意義深いものになると、瞑想がはっきりと教えてくれました。人生とは、厳しく非難したり生き急いだりするものではなく、尊重し、感謝し、精いっぱい生きるものなのです。

私はトレッドミルで走るときでさえ、しっかりと取り組みたいと考えています。旅が多いため、これまでトレッドミルの上で長い時間を過ごしてきました。トレッドミルというよりまるで拷問器具のような、余計な機能が何もなく、硬くて走り心地の悪いベルトが付いただけの器具の上で走ったこともあります。一部の発展途上国では、電気式ではないトレッドミルで走ったこともあります。また、ユーザーが挿入する鍵でどのランナーかを認識し、走りたいプログラムを組めるというトレッドミルで走ったこともあります。私がトレッドミルで走っているときに、隣で走っていた人が私の質問に答えようとして立ち止まり、トレッドミルの後ろに飛ばされてしまったこともありました。気をそらさずにしっかりと取り組むと利点がたくさんあるという事例です。

また、ネパールではイライラしてしまうようなランニングを経験しました。政治が不安定だったため電力が制限されていました。そのためトレッドミルで走っているとそ突然止まってしまうのでした。また別のときは、私がトレッドミルで走っているとその家のみんなにわかる、ということがありました。というのも、各住宅に一定の電圧しか割り当てられていないため、トレッドミルを使っていると家の照明が薄暗くなったからでした。

こうした年月で私が学んだことの一つに、適正な方法で取り組めば、**トレッドミルもトレーニングの素晴らしいサポートかつ相棒になり得る**ということがあります。ナパバレー・マラソンに向けて準備をしていたころ、私はトレッドミルに乗る前に一礼さえしたものでした。これは戦いのしぐさをユーモアで示したものであり、またしっかり取り組もうという思いを表したものでもありました。

人がイヤホンをして意識をボーっとさせ、体がランニングを終えるまで、心を無感覚にしようとしたり、気を紛らわせようとしたりしている姿をよく見ます。もちろん、このようにして見事に体の調子を整えるランナーもいますので、このテクニックについてあまり批判はできません。音楽はやる気を出してくれます。活気づけてくれるし、心と体を調和してくれます。そういう意味で音楽は刺激を与えてくれるパワフルなツールです。同時に、音楽はエクササイズをごまかす方法として使うこともできます。いま取り組んでいることから意識を遠くへと引き離してしまうのです。この場合、音楽は注意散漫の源になります。そのため音楽は、役立つように思えるときもありますが、究極的には、いまその瞬間に存在したり、体現したりする能力を阻害するものなのです。

私のアプローチは、トレッドミルでの走りをできるだけ興味深いものにすることです。トレッドミルの上を走ってどこかに到達できた人はこれまで一人もいないにしても、想像することはできます。ここでは5分間、次は2分間という具合に短時間でインターバル、ダッシュ、傾斜を行うと、精神的に没頭できる上に体にも恩恵があるようです。

現代のスピード文化では、何かをしっかりやることがないように思えます。テレビを見ながらパソコンを使い、携帯で話しながら車を運転し、一つの会話でさえなかなかきちんとできず、食事のために座ると新聞を読んだりテレビを見たりし、テレビを見るときでさえチャンネルを次から次へと変えてしまいます。このようなスピードでは、生活は表面的になります。何ごとにおいても完全に経験することがないのです。私たちがこのような行動を取るのは、人生を充実させたいがためですが、スピードが速くて気が散ってしまい、「充実」がどんなものかはまったくわからないままです。

いまのテクノロジーの時代はやるべきことが際限なくあるため、どれだけ気が散漫になるかにおいてもキリがありません。物ごとをじゅうぶんに経験することはなく、このヒステリックな生活スタイルの影響を私たちはまともに受けてしまいます。食事をあまりにも速く食べて消化不良になり、携帯で話しながら運転したために車をこすってしまい、きちんとコミュニケーションを取っていなかったためにパートナーと別れなければならなくなるのです。

瞑想は心を安定させるためのシンプルなテクニックというだけではありません。**瞑想とは、動かずに座っている間でさえ、いかにして物ごとに完全に取り組めるかを発見する行為**でもあるのです。もっとも生き生きした活動の一つでもあるランニングにも間違いなく適用できます。しかし、もしこの二つの活動に中途半端に取り組み、ただ注意が散漫な状態をずっと保とうとするだけなら、学びは無駄になってしまい、人生のその瞬間に存在する貴重な機会をまた一つ失ってしまうでしょう。

ランニングをしているとき（概してどのエクササイズをしているときでも）、その日に起こるかもしれないできごとのなかでも極めて親密かつ意義深い行動に私たちは取り組んでいます。心を込めて走るとエクササイズの時間が心と体にとって健康的なものになります。この意味で、**マインドフルネスとは人生を生きるということをもたらしてくれる**ものなのです。

Point

- ■ランニングや瞑想は何かに集中して取り組む機会になる
- ■瞑想は動かずして、完全に取り組むということに気づく行為
- ■心を込めて取り組むことは自分の行動を尊重すること

15 現実的なレベルで継続できるか？

私は常に、**良い瞑想の実践とは持続できる瞑想**だと話しています。もし翌日にあきらめてしまうのなら、どのくらい長く瞑想できるかとか、どれだけ動かずにいられるかという話ではなくなってしまいます。まず、このアクティビティが重要だという結論にいたる必要があります。その後、日課として瞑想を行うようにすべきなのですが、いろいろな方法で毎日、モチベーションを上げていきましょう。

瞑想と同様に、**良いランニング（または何らかのエクササイズ）とは人生ずっと続けられるもの**です。適切な姿勢で取り組むことでこれが可能になります。このプロセスを挫折してしまうのは、多くの場合熱したと思ったら冷めるという取り組みかたをして、集中してトレーニングした後すぐにやめてしまうためです。タイガーは瞑想とランニングを自然な日課として取り入れます。こうした努力は一貫して実践するからこそ、健全な心と体をもたらしてくれるのです。

アジアへの移動は通常、15～18時間のフライトになります。私は努めて、ストレッチしたり、動いたり、エクササイズしたりしています。あるフライトでは、他の乗客が眠っている間、軽い徒手《としゅ》体操をしました。20分ほどたったところで客室乗務員が近づいてきました。席に戻れと言われるのかなと思いきや、そうではなく、客室乗務員は私を見ながら、「私もそろそろ本気で運動をはじめなきゃ」と言ったのでした。

定期的なエクササイズは難しいものです。病気になるかもしれないし、大掛かりなプロジェクトに集中しなければならないときもあるでしょう。運動面でちょっとしたスランプに陥るときもあるかもしれません。そんなときはエクササイズするという考えが、どんどん遠くへ行ってしまうものです。私は人生ずっとかなりアクティブであり続けてきましたが、それでも、有酸素運動に体がついていけない状態がどんなものか、とてもよくわかります。座った姿勢でいるのがあまりにも多くなり、なまった体から抜け出せない状態になってしまうと、体を鍛える努力が非常に困難で、つらく、難しいものになってしまうものです。**なまった体を再び鍛え直すのに要する労力は、精神的にも身体的にも相当なストレス**になるため、ほぼ間違いなく、鍛え続けるよりも大変です。遅すぎた、とさえ感じてしまうかもしれません。

しかし根本的に、**体は健康でいたいもの**です。**体は生き延びようとする**ようにもとからできており、日課を再開さえすれば鍛えるほうにすぐ順応するでしょう。そうしながらも一方では、エクササイズとは何を意味するかを考え直さないといけないかもしれません。スポーツ・ウェアを着てストレッチをするだけでも、はじめるための一つの方法になります。ウォーキングやジョギングを5分、10分、または15分するのでも、信じられないほど有益です。このほんのわずかなエクササイズだけでも、前に進み向上するときなのだと体に伝えることができます。

私はかつて深く学んでいた時期、仏教哲学と形而上学に取り組んでいました。コース全体は9年間の課程でしたが、私はこれを一つのかたまりの時間として捉えることはできませんでした。そうしていたら、ひどく圧倒されてしまったでしょう。ですのでこれを年、月、日に分割して考えていました。いまでさえ人に教えるときや瞑想の隠遁生活に入るときは、**物ごとを小分けにして、その時どきに集中**して努力するよう心がけています。こうすることで、そのときに自分がしていることが興味深くなり、努力全体の重みが耐え難いものにならずに済みます。

また、自分がこれから行うエクササイズについて、ある程度の**計画性を持つことが大切**だと感じます。たとえ無計画にするのが計画だったとしてもです。日がな何の戦略も持たずにただトレッドミルに飛び乗るのではマンネリ化しかねません。

加えて、**タイガーのランニングでのゴールはすぐに達成できるものにしておきましょう**。全般的な感謝の念をもって取り組み、たとえば木や家、丘の上など、小さな目標物を見つけてそこを目がけて走るのです。ある場所にたどり着いたという満足感を得られます。しばらくすると、こうした**小さな達成感が積もり積もって**いき、意志力と能力が強化されていきます。いまのところまで続いたのであれば、ほぼ間違いなく完全にやり遂げられるでしょう。もし逆に、ついていないと思うことが続けて起こったら、その日が終わるころには疲労感に苛まれ、やる気が削がれてしまうものです。こうした小さな瞬間は大切です。私たちの心のありかたに影響をおよぼすようになるのです。

トレーニングの継続に良く効くツールの一つに、やさしさがあります。走らない自分を厳しく非難しても何の助けにもなりません。同時に、運動不足からケガなどしないよう、しっかりとした状態を保つ必要もあります。**賢者はバランスを保ち、愚者は極端になる**ものです。私たちは誰もが愚者の経験もするし、賢者になるときもあります。しかしランニングを長く続けたいのなら、賢くなければいけません。

賢くあるとはつまり、自分に良いことをするということです。それは必ずしも、最善のトレーニング法を行うという意味ではないかもしれません。**張り詰めすぎと無気力すぎの間の、ちょうどいいバランスを見つけてみましょう。**西洋的なアプローチにおいても、睡眠の取りすぎは睡眠不足よりも悪いとされます。活力は血流の良さ、そして食事と水の摂取からもたらされますが、エクササイズはこのどちらも促進します。

エクササイズの最初に経験する、**いま一つやる気が出ない感覚は、筋肉の停滞からのみならず、内臓の停滞から**も来ています。漢方の考えによると、病気は多くの場合、停滞が原因です。やる気が出ない感覚はたいてい肝臓に起因しています。肝臓は百種類以上の代謝を行っており、内臓の「司令塔」とされています。

夜遅くに食べたり飲んだりすると、肝臓に働き続けるよう命令することになります。そのため睡眠の質が悪くなり、すっきり目覚められなくなります。肝臓は疲労し、それでも残業を強いられるのです。エクササイズしないと、こうした活気のなさを悪化させてしまいます。というのも、あらゆる毒素の処理にもっと時間がかかってしまうためです。処理するシステムに負荷がかかり、体が重たい感覚の一因となります。処理を進めるにはたいていの場合、わずか20～30分のエクササイズでもじゅうぶんです。たとえ若干体調が悪くても、運動が助けになります。本格的なランニングである必要はありません。

同様に、テレビの見すぎや言い争いで**心を毒してしまった場合、瞑想が心を浄化する**時間を与えてくれます。そのため優先順位を見直し、感情をリセットできるようになります。

私は旅することが多いため、書籍に書かれているようなプログラムに沿ってのトレーニングはなかなかできません。そのため、自分の旅行に合わせてプログラムを調整する必要があります。実際にやりながら学んでいくのです。たとえば一般的に、飛行機に乗った後は、体がむくんでいるためあまり激しい運動はしたくないものです。**トレーニングを維持するため、私は常に微調整をして、現実と共に走る**ようにしていますのです。たとえそんなに旅をしない人でも、ランニングを妨げる何かしらが常々起こるものです。最初は多忙で、次に風邪を引き、ついには悪天候、といった具合です。

ランニングの習慣を頻繁に調整するのは、必ずしも悪いわけではありません。頻繁に変わることで興味深くなり、楽しめるかもしれません。私は瞑想の隠遁生活に長く入った際、何らかのエクササイズをして体を動かそうと、いつもよりもさらに早く起き出さなければならないこともありました。こうした状況においてさえもスケジュールの中に小さな変更点をつくることで、興味深くなります。障害は克服できないものとは限りません。私たちの**ランニングや瞑想の個性は、こうした挑戦によって形づくられていく**のですから。

Point

■ 良い瞑想も良いランニングも習慣的に続けられるものである
■ すぐに達成できる目標を立て、小さな達成感を積み重ねる
■ 継続のコツはやさしく、賢くなり、自分なりのバランスを見つけること
■ トレーニングの習慣をしょっちゅう微調整するのは悪いことではない

16 「Just Do It（とにかくやる）」ただしやさしく

ナイキのスローガン「Just Do It」にも反映されているように、スポーツはときに、攻撃的な鋭さがあります。瞑想の古典的な経典にも、ナイキのスローガンと同じアドバイスが載っていたのを見たことがあります。私の父はよく生徒たちに「とにかくやりなさい！」と言っていたものでした。これは必ずしも、厚かましく行けとか攻撃的でいろという指示ではありません。**私たちには、ただやらなければいけないときがあるの**です。そしてそんなときの問題は、ではどうやるのか？　というものです。

私の瞑想の師たちは、攻撃性でいくらかの物ごとは達成できるかもしれないが、やさしさならあらゆる物ごとを達成できる、と教えてくれました。「やさしさ」という言葉には、さまざまな意味があります。瞑想の伝統においてこの言葉は智慧と力に結びつけられています。なぜなら、**やさしさは攻撃性への対抗手段**と考えられているためです。やさしさは水のようなものです。最終的には、目的地へと到達します。攻撃性は火のようなものです。スピードがありますが、すぐになくなってしまいます。私たちの体の70パーセントが水分ですから、私たちは自然とたくさんのやさしさを持っているものです。

人は攻撃性をスポーツの良い側面として捉えます。そうした人たちは、「もっと攻撃的でないと」と言うかもしれません。これはつまり、もっと決然とした態度で行け、という意味です。当然ながらコーチの中には、生々しい攻撃性は剥ぎ取って、決然とした態度だけを使いたいと考える人もいます。**決然としているには、攻撃的である必要はない**のです。こうした**攻撃的な精神状態はやっかい**なものです。判断力を損なわせます。より感情的になるので、現実の正確な観察が難しくなります。他の人の言葉や顔の表情を読み違い、そのため物ごとを理解しにくくなります。ほとんどの人にとって、怒ったり感情を乱されたりといった状況に遭遇するのは避けられないでしょうが、だからと言って攻撃が最善策とは言えません。

一般的に、アスリートが持てる最高レベルの能力を発揮できるとき、やさしく、リラックスした状態にあるものです。そのおかげで気づきが持て、大局的に物ごとを見られるようになるのです。そのため、とにかくやりたいのが一度だけならば、攻撃性は必要に思えるかもしれません。「とにかくやる」を「とにかく力づくでやり抜く」という意味と捉えてしまい、力で押しきるときにケガをしてしまう可能性があります。何度もくり返しやりたいならば、やさしさをもって行うことです。そうすれば長い間続けられるし、うまくやり遂げられます。

攻撃性は長期的な問題への短期的な解決法です。**やさしさは持続的**です。やさしさはそのため強さの表れであり、一方で攻撃性は多くの場合、弱さの表れです。攻撃性はたいてい、最後の手段なのです。一体そこからどこへ向かえるというのでしょうか？　そこからさらに攻撃的になるならば、正気の沙汰には思えません。一方でやさしさがあれば、まるで多くの力をみなぎらせた偉大なる海のようにいられます。

やさしさを走りに適用すると、ひどく批判的になったり、別の形の極端な状態になったりしないような心の状態を保てます。**やさしさがあれば、私たちはのぼせ上がったり、やる気を失ったりすることなく、目標に意識を置き続けることができる**のです。

やさしさと共にあるとき、まるで永遠に走れるような気がします。攻撃性と共にあるとき、次の角までのダッシュが限界のように感じます。やさしさと共にあるとき、長距離を楽々と走れます。攻撃性と共にあるとき、このランニングがうまくいかなければ失敗するのではないかと心配します。

やさしさがあれば、自分と戦う必要はもはやありません。自分と戦っていないとき、最善を尽くすことができます。これ以上できることなどありません。むしろ、自分にやさしくいるとき、自分がどれだけできるかに驚かされるかもしれません。自分の潜在能力から刺激を受けるでしょう。

一方で、**攻撃性は多くの場合、自分に対する不満の結果**であることが多いのです。

自分とうまくいかず、そのような内なる葛藤のせいで、他人を激しく非難してしまいます。このような攻撃性はそのため、自分自身へのやさしさの欠如から来ているのです。やさしくいるということは、自分自身を励ますということです。やさしさには一定の知性が伴うため、自分の悪い習慣をはっきりと見ることができます。悪い習慣がしっかりと見えるとき、こうした習慣に率直に取り組めるようになります。ネガティブな習慣を克服し、ポジティブな習慣を根付かせるときに、やさしさはより多くのスキルや選択肢を与えてくれます。

やさしさはシンプルな考えで発展させることができます。まず、自分自身に感謝し、自分自身と仲良くなりましょう。自分には何ができるかを理解し、自分ができないことをプレッシャーに感じないようにします。それよりも、**できないことは自分が将来取り組む冒険**だと考えるようにするのです。瞑想の実践がこの成長を可能にしてくれます。

これまでマラソンを走った際にやさしさのテクニックを実践したところ、自分がレースに向けてトレーニングしてきたこと、そして自分にはやり遂げる能力が完全にあること、といった点に気づくことができました。自分にやさしく、痛みと喜びと共にその瞬間いることができ、失敗のシナリオをあれこれ思い悩むことはありませんでした。自分にやさしくすることで、予期せぬ障壁を受け入れることができました。完走できなかったら、というおしゃべりを心の中でせずに済んだのです。つまり**やさしさのおかげで自信を持ち続けられました**。自分のことで頭がいっぱいにならずに済んだし、それと同時に、レースを物のように捉えてしまったら、レースは私の敵となります。もしレースを物のように捉えずにも済んだのです。もしただ心を込めてやさしさをもって走れば、レースは私の仲間になります。やさしさがあれば、その環境で起こっているあらゆる面を活用でき、また、ポジティブなペースをその周囲に築けるようにもなります。

やさしくするということは、人生が常に気を配る価値のある旅路だと理解することです。そのため、マラソンを完走できるのはやさしさのおかげであり、走り終わったとたんに次のレースのプレッシャーをかけるからではありません。やさしさとは、何度もくり返し続けられる方法で「とにかくやる」ということなのです。

Point

■やらなければならない局面でこそ、攻撃性ではなくやさしさが助けになる

■やさしさを適用すると安定したランニングができる

■自分と仲良くすることでやさしさを磨く

■やさしさで、できないこともポジティブに捉えられる

17 手放す力でストレスフリーに

ストレス解消の方法は人それぞれです。食べたり、飲んだり、エクササイズしたり、そしていまや瞑想したり。瞑想は最初に取り組みたいストレス解消法の一つに違いありません。そして**瞑想は心が対処できること、できないことを理解し、そのうえで対処能力を高めていくという原則**のもとに成り立っています。

また、あまり多くのアクティビティを持ちすぎない前提で成り立ってもいます。私たちにはそれぞれ、自分が対処できる自然な量があります。通常そこには、対処できる負担から、できない負担へと変わる転換点があります。マクロ・レベルとマイクロ・レベル、いずれにおいても言えることです。

マクロ・レベルは、人生サイクル全体に関係しています。一般的に、ストレスのレベルは歳を重ねるごとに大きくなります。それは単に、学校、人づき合い、仕事、家族と、より多くのアクティビティが生活に加わるためです。マイクロ・レベルは毎日のことです。たとえ人生で非常にストレスが多い時期であっても、ある日は他の日よりストレスが軽かったりするものです。また、人生でストレスが比較的少ない時期でも、ストレスが溜まる日はあるものです。

この時代におけるテクノロジーのあらゆる進化をもってしても、ストレスと向き合う私たちの能力が向上したとは言いがたいものです。こうしたテクノロジーは私たちを助けてくれるはずなのに、過剰な情報や加速したコミュニケーションのせいで、たいていはストレスをつくり出しています。スピードの高まりやニュースの増加は、心配ごとも増やします。そして心配ごとが増えるとストレスも増えてしまいます。

ストレスが溜まる側面には二つあります。身体面と精神面です。**瞑想は精神的なストレスの解消に大きな役割を果たす**可能性があります。しかしながら、瞑想で心が強くなるからといって、必ずしもより多くの心配ごとに対処できるよう心をトレーニングしているわけではありません。**より多くを心配せずに処理できるように、心の強さと柔軟性を高めている**のです。どのくらい多くでしょうか？ 瞑想の経典によると、無限に多く、ということです。私はこれまで、何年も投獄され、拷問を受け、殴られ、飢餓状態に置かれたという瞑想実践者に会ったことがあります。この人たちは、自分が生き延びられたのは無限の愛と慈悲について瞑想したからだと言っていました。ネルソン・マンデラ氏もまた、自身を投獄した人物を獄中で許しました。もちろん、誰もが自分を聖人だなどと思うわけではないかもしれません。しかしこうした例のように、私たちも間違いなく、無限に心を広げられるのです。

瞑想は、そこに入るとストレスが奇跡的に消えてしまう魔法の空間ではありません。むしろ、瞑想はエクササイズのようなものなのです。腕の筋肉をつけるためにアームカールをするとき、腕を上げれば筋肉の緊張が高まり、下げればリラックスできます。こうしてアームカールを続けるのです。同様に、瞑想は強化と弛緩の両方です。**呼吸に意識を戻すことで心の強度を上げ、考えを手放すことでリラックスできます。ストレス軽減における重要な原則は、特定のものを手放せる能力**です。

前述のとおり、心は特定の状態に慣れてしまうものです。その中には心配とストレスがあります。チベット医学によると、ネガティブな考えは神経系に影響をおよぼし、つまりは筋肉や内臓にも影響します。健康な心と健康な体、そしてバランスの崩れと病気にはそれぞれ、明らかに関係があります。私たちは心配を体現してしまうものです。心が基本的にストレス状態にあるとき、良いことでさえもストレスになってしまいます。手放すことを学ばなければいけません。瞑想でこれをトレーニングできます。また、**ランニングと酸素の動きのおかげで、体内につかえていたストレスが外れ、動かされ、取り除かれます**。このようにしてランニングはストレス軽減に役立っています。

一般的に、ストレスが多いと幸せは少ないものです。逆に、アクティビティが少ないとストレスは減りますが、それが必ずしもより大きな幸せにつながるわけではありません。ほとんどの場合、私たちの幸せは人間的な交流から生まれます。つまるところ、**幸せとは愛と思いやり、友達、家族**なのです。幸せは必ずしも、どれだけのものを手に入れたかではありません。幸せとは、自分が手にしているものを他の人たちと共有できる能力なのです。

Point

- **瞑想は精神的なストレスの解消に役立つ**
- **ただし、瞑想は多くの心配ごとに対処するためのトレーニングではない**
- **ストレスを溜めないコツは、手放す能力を身につけること**
- **ランニングは身体的にストレスを取り除くうえで役立つ**

18 ウォーキングとヨガの効果

ウォーキングとランニングには大きな違いがありますが、これまで書いてきた原則の多くは、おそらく最高のエクササイズであるウォーキングにも当てはまります。ウォーキングは衝撃が少なく、血流を促し、心をクリアにする役にも立ちます。マインドフルネスとやさしさを取り入れた、しっかりしたウォーキングはあらゆる人が楽しむべきでしょう。

ウォーキングは伝統的に、瞑想的な規律の一つとして活用されています。というのも、ウォーキングの動きは無理せずに集中できるほどゆったりしているためです。たいてい、座った瞑想の時間を分けるものとして使われます。ここで説明する歩く瞑想は、ウォーキング・ヨガでもあります。みぞおちのすぐ下で左手を握り、その握りこぶしの上に右手を乗せて行います。テクニックとしては、小さな歩幅でゆっくりとやさしく歩きながら、意識は片足をかかとからつま先へと置く、体重を移動する、そしてもう片方の足を置く、という動きに集中させます。マインドフルネスを体に向けていると、足の動きに合わせてバランスと調和を感じるでしょう。この**歩く瞑想は、心のスピードを落とすことで心と体を統合させるための方法**です。瞑想とランニングをつなぐ素晴らしい橋となります。

チベットや世界の他の場所において、一つの聖なる場所から別の聖なる場所へ長距離を歩いて巡礼することは、大きな精神的功徳への道だと考えられています。**正しい動機と態度によって突き動かされるこうした長い距離の歩みは、体のネガティブなカルマを浄化し、徳のある心を生み出す**方法になり得ます。私は一日中歩いて、さまざまな聖地へ徒歩で巡礼したことがあります。こうした歩きは、心を豊かにする一方で、素晴らしいエクササイズになります。私はまた、トレッキングやハイキングも好きです。

私はよく妻と一緒に散歩に出かけます。実は、ランニングだと私のほうが速いかもしれませんが、ウォーキングは妻のほうがずっと上手です。ウォーキングは妻と一緒に時間を過ごす最高の方法です。おしゃべりする必要はありません。**ウォーキングは心をすっきりさせると同時に、じっくりと考える手段**にもなり得ます。

私にとって、**ヨガはランニングとのバランスを保つものとしてぴったり**です。ランニングは脚と腰をこわばらせる可能性がありますが、ヨガはそれを緩めてくれます。ヨガはまた、活動的でない状態から、ランニングのように非常に活動的な状態へと移る手段としても優れています。流れるように動いて一定のポーズを取ることで、体に気づきをもたらし、心が散漫な状態が減り、心と体が一体となる共時性が増します。取り組むヨガの種類やどのように行うかにもよりますが、流れるような動きや一定のポーズが、これまで知らなかったレベルの気づきをもたらしてくれる可能性がありま す。自分の体に安らぎを感じられるレベルに到達することで、呼吸をよりコントロールできるようになり、呼吸とより親密にもなれます。呼吸をコントロールできるようになると、心に触れられるようになります。心に触れられると、智慧に触れられるようになります。たとえ短いセッションであれヨガは有益です。

ヨガのクラスでは、驚くほど体が柔らかい他の参加者に圧倒されてしまうかもしれません。しかしながらそれはその人たちの体で、これはあなたの体です。最初のうちは**柔軟になろうと自分を追い込むのではなく、意識を体に向ける**ようにしましょう。そうすることで体現の感覚が生まれます。たとえヨガをそこまで深くやっていなくても、心と体を一つにすることでヨガから恩恵を得られます。体をさまざまなポーズに動かし、意識を集中させて呼吸を続けるだけでも、本来の状態である健康と自信に自然とつながることができるのです。

Point

■瞑想やランニングの原則の多くはウォーキングに適用できる

■ウォーキングは瞑想にも取り入れられ、ウォーキング・ヨガにもなる

■ヨガはランニングを緩める効果が期待でき、トレーニングとして最適

19 自身を乗り超え自信を持って走る

「自信」という言葉は、自分の性質に確信を持っている、という意味です。ランニングと瞑想のどちらも、この感覚を与えてくれます。

自分に対する確信はランニングでも瞑想でも経験するため、どちらのアクティビティにおいても自信は自然とわいてきます。ランナーはこれを知っているものです。というのも、**ランニングは楽観的なスポーツ**だからです。根本的な部分で、私たちは体が持つパワーを信じているのです。**瞑想もまた楽観的な伝統**です。根本的な部分で、私たちは心が秘める可能性を信じているのです。チベットでは、自信は「ズィジ」と言います。この言葉はまた、「輝き」または「輝く」とも訳すことができます。「ズィジ」は、自信とはどう感じるものか、そしてどう見えるものかを表現しているのです。心は輝き、体は熱と光を放ちます。ランニングと瞑想のどちらも、私たちの輝きを引き出してくれます。

瞑想において「ズィジ」は、生まれながらにある目覚める力を見つけられるぞ、という確信からもたらされます。根本的なレベルにおいて、誰もが慈悲を持っており無我になれます。そのため、誰であれ悟りの境地に達することができると私たちは考えています。ときに人は自分や他の人を傷つけるようなばかをすることもありますが、誰もが悟りを開く可能性を持っているのです。シャンバラの戦士道の伝統において、この無限の可能性は「基本的な善良さ」として知られています。瞑想の心を通じて、私たちはこの根源的な性質である「基本的な善良さ」への気づきを発展させていきます。自分の存在の温もりや雄大さに自信を持っているとき、とりとめのない考えや感情はそこまで問題にはなりません。なぜなら、自分の視点のほうがさらに大きく成長しているからです。「基本的な善良さ」とそこから生まれる自信からの視点をもって、私たちは何に出会おうとも、乗り越えていけるように思えるのです。

自信がなければ丘はあまりにも大きく見えますが、自信があれば丘は少し小さく思えます。自信がなければ人生の道は塞がれているように感じます。あらゆるものが障害のように思えるのです。自信があれば私たちの活動そのものが道になっていきます。どの方向へも歩みを進められるのです。ひとたび**内なる自信を知ってしまえば、それがビギナーだろうがオリンピック選手だろうが同じ**で、その自信は生涯ずっと続きます。

自信は、身体的な動きを通じて体から、知識の習得を通じて心から、それぞれ生じ

ます。どちらも行うのが理想的です。ときには、ケガをして走れないこともあるでしょう。体が自信の源だったために、落ち込んでしまうかもしれません。身体的なケガは心の自信にも影響します。しかし、身体的に病床に臥してしまっても、知識を通じて心の自信を得ることは可能です。精神的な知識を得ることとは単に読書に夢中になって、不要な情報で心を満たすことではありません。教えを心に浸透させるには、真剣に取り組む必要があります。

真の自信とは、心と体の統合に根差しています。この二つは分けるべきものではないのです。**瞑想や勉強だけをしていると、体の自信を失ってしまいます。エクササイズだけをしていると、「基本的な善良さ」や知性の自信を失いはじめます。**

ランニングをしている間でさえも、心と体のバランスを見ることができます。心の自信を失っているときに走るのは難しいものです。自信を再び目覚めさせるには、その場で何かを達成するよう自分に課題を課してみましょう。「あの丘の上まで走る」とか、「あそこにある次の木まで走る」といった具合です。または、自分のモチベーションをもういちど考え直し、新しいものにするのもいいでしょう。

反対に精神的な自信に満ちているとき、外に走りに出たいけれど最近あまり運動していないなら、身体的な自信を失ってしまうかもしれません。そうなると、精神的な自信も弱くなってしまいます。このような場合、身体的な状況を見極め、やる気を削ぐような思いを鎮めましょう。しばらく休んだ後は、体の神経が少し鈍くなっているから再び目覚めさせる必要があるのだ、と自分に思い出させてあげます。自分が感じているよりも体はもっといい状態かもしれません。生きていることに感謝し、もう一度運動する能力が自分にはあるのだ、と自分に思い出させてあげましょう。**体のコンディションがどうであれ（体がとてもなまっているように感じたり、たとえ調子よく感じたりしていても）、自信を感じ続ける**ことが大切です。もしかしてこれまで、選択を誤ったり、その誤った選択のツケを払ったりしてきたかもしれません。でもマインドフルネスがあれば、自信の感覚と再びつながることができるのです。このようにして、自信が私たちの秘密兵器になります。

すべての状況は、自信をもって何かに取り組めるチャンスですから、自信は賢明に使うべきです。同時に、虚勢や攻撃性を自信と間違えてはいけません。**タイガーの自信は、他の人を支配しようとすることはありません。むしろ、自分自身の疑いを克服し、目覚めやポジティブさを高めるもの**なのです。

Point

■心の自信と体の自信は相互補完関係にある

■自信とは自分自身を乗り越えポジティブに進む力

Lesson

タイガーの瞑想

自分のモチベーションを確認し維持する

観想する瞑想では、特定の考えを心に持っていき、そこに意識を集中させます。座った瞑想で呼吸を使うように、ここではこの特定の考えが瞑想の対象物となります。これを観想することで、疑問を明確にしたり、特定の姿勢を生み出したりできます。また、洞察や突然のひらめきにつながったり、物の見かたを変えたりできるかもしれません。しかし観想を実践する理由は概して、心を一定の方向へと向けるためです。

観想をはじめるのは、正式な瞑想実践の中で行うようお勧めします。静かなる佇みを実践してしばらく座した後、心が落ち着き、忙しく動き回ってとりとめのない考えが浮かんで来るようなことがなくなったら、観想するテーマを心に浮かべてください。観想をはじめるのが早すぎると、自分でもすぐにわかります。観想のせいで思考過程が激しくなるからです。多くの考えが浮かび、つまりは心が余計散漫になり集中力が落ちてしまうかもしれません。瞑想の各セッションは、シンプルに呼吸に従うことからはじめ、もしできるようであれば観想へと進み、その後、再び呼吸に従うよう戻ってきて瞑想を終えます。本書では、観想する瞑想をランニングのフェーズごとにお勧めしています。いいなと思ったらぜひ試してみてください。

タイガー・フェーズでは、瞑想に適切な姿勢を取り、呼吸の存在を感じ呼吸を意識しながらマインドフルネスと気づきを実践した後、「私のモチベーションは何だろう?」と観想することに心を集中してください。

ビギナーの人は、モチベーションはシンプルなものがいいでしょう。体を鍛える、5キロ、10キロ走れるようになる、体重を落とす、など。もしくは、たとえばもっと健康的な生活をする、など大まかなモチベーションでもいいでしょう。大まかなモチベーションの例として、もっと強く柔軟な心になる、20分間動かずに座っていられるようになる、あまり怒らない、ネガティブな考えにあまり影響を受けない、心の静寂を経験する、本気で心と体に取り組む、などでもいいでしょう。このモチベーションは、タイガー・フェーズにいる間、成長して変わっていくかもしれません。

　自分のモチベーションが何かを決めたら、そのモチベーションを維持しましょう。心が散漫になってしまったら、モチベーションに戻ってきましょう。モチベーションを持つ理由が消えてしまうようになったら、そのモチベーションにとってポジティブかつ役立つ理由をまた考えてみましょう。観想は本質的に、自分自身を確信するプロセスです。これまで本を読み、レクチャーを聞いてきましたが、ここからは自分ならではのモチベーションを持つべきなのです。


　正式な瞑想で観想するプロセスに慣れてきたら、ランニングの間にも試してみましょう。必ずしも同じように感じるわけではないかもしれませんが、ランニングに目的意識をもたらすのに役立ちます。

　静かに座っているときほど深く集中したり観想したりはできないかもしれませんが、ある程度は集中できるはずです。観想をランニングで行う際の第一のルールは、マインドフルでい続けることです。つまずいたり、車にひかれたりしないようにしてください。走っている場所の地形に気をつけ、自分の感覚を意識しながらランニングをはじめるようにしましょう。その後、観想をはじめます。45分間のランニングで、5～10分観想できればかなり長いものです。観想の間に、たとえば健康のためにランニングをしよう、など一つの結論や感情に達したら、そのモチベーションを心に焼きつけておきましょう。目的に意識を集中し、同時に心をトレーニングするのに役立ちます。

ランニングがもっと上達したら、モチベーションをもっと大きく広げてもいいでしょう。たとえば、10キロまたはフルマラソンを走るのを決意したり、走りきってみたかった特別なコースを目指したりなど。上級のアスリートなら、自分の地区や決勝戦、州大会、全国大会、さらにはオリンピックへの出場権を目指すのもいいかもしれません。

走り続けるうちに、モチベーションがもっと深い局面に入るかもしれません。つまり、より大きな目的のためにランニングするということです。心と体についてもっと良く理解するために、「自分は何者なのか?」や「人生で私が達成したいことは何か?」、「目的は何か?」といったテーマを探るのです。こうした疑問はドラゴンのもので、チャプター5で詳しく取り上げています。

観想が終わったら、そのままマインドフルネスと気づきに戻り、自分のランニング・フォームに気をつけながら、走っている場所を楽しんでください。

Chapter 3

ライオン

走る喜びを知る

20 自然体の瞑想やランニングで幸せを感じる

ある日、非常に自然かつ何の気なしにランニング・シューズを履き、気軽に楽しみながらランニングをしに扉の外へ出ていく自分に気づきました。そのときに悟ったのです。「体ができ上がってきたに違いない！」と。私は、トレーニングにおけるライオンのフェーズに入ったのです。**ライオンの段階において私たちは、熟達したランナー**です。これまでほど苦しまなくなり、そのためランニングはずっと楽しめるものになっています。タイガーの努力のおかげで心は活気づき、好奇心旺盛です。

ここまでのランニングもほぼ楽しめるものではありましたが、私はこのとき異なる領域へと入りつつありました。いまや、自分が走りたいときにいつでも30キロ前後走ることができるでしょう。こうした距離は、かつて15キロくらいのランニングに抱いた感覚でした。数時間のランニングは喜びになっていました。コロラド州北部で数時間かけて、景観を楽しみながら長距離を走ったのを覚えています。

スノーライオンはチベットの想像上の生き物で、白い体とトルコ石の色のたてがみを持っています。チベットのシンボルであり、喜び、規律、吉兆を表します。スノーライオンは伝統的に、前脚に小さな円柱状の玉を持っている姿で描かれます。これらの玉は、心の喜びと力、そして勤勉さから得られる徳を表しています。

このライオン・フェーズは、**ランニングに注ぐあらゆる努力を楽しみ、そこにつぎ込んだすべての労力から恩恵を得る**ものです。まるで、山頂に旗を突き立てるような感じです。この場所に到達したと認識しなければ、満足感を得ることなく、永遠に突き動かされたままになってしまうかもしれません。そのため、何かを達成したと自覚するときなのです。これまでの私たちのランニングは、大きな集中力と努力を要しましたが、いまや自然かつ簡単にできるようになりました。どれだけ上達したか驚いてしまうほどです。自分のランニングを楽しめるようになったのです。

瞑想においては、このフェーズは**瞑想の実践がこれまでほど機械的ではなくなった**ときに起こります。姿勢はしっくりと感じ、なぜ瞑想をするのかという動因はより明確です。理論と根拠もきちんと理解しています。その瞬間に集中して呼吸に従うことが、とりとめのない考えに迷い込んでしまうよりも自然に感じます。その結果、自分を律する能力はどんどん強くなるのです。

最初は、10分間じっとして呼吸に従うのは難しいものです。わずか1分の間でも、心は何度も行ったり来たりします。でもいまは、30分、40分、50分でも、心を呼吸に留めておくことができます。考えが浮かぶこともあるかもしれませんが、特に気が散ってしまうものではありません。瞑想のこのフェーズは、**平和で、このうえなく幸せ**でもあります。パラレルワールドにいるわけではない、という話を思い出してください。あなたはいま、心が本来持っていた強さと明瞭さを経験しているのです。心は安定しています。もはや心配したり、あちこち行ったり来たりすることはありません。このようにして、自分が生まれながらにして持つ長所に対して抱く自信を伸ばしていきます。

ランニングにおいて、ライオン・フェーズは腕時計を持たずに扉の外へと向かうときです。**自分が走る距離を正確に測ろうとはもはやしなくなる**のです。姿勢を正そうと常に意識することもなくなります。それよりも、生きていること、健康でいること、体が鍛えられていること、そして自分を律せていることに喜びを感じています。基礎を築いたのです。骨、筋肉、肺は、ランニングに慣れたのです。

もちろん、誰もが幸せかつ健康でいるために走るものですが、ライオン・フェーズでは、ランニングの喜びはもっと一貫したものとなります。**幸せとは、自分自身とそこまで格闘せずに済むことから生じる必然的な結果**です。瞑想でもわかるように、自分と格闘しなくなると、私たちはより満たされ、穏やかで、つまりは幸せになります。

必ずしもいろいろなことへの理解が深まる、というわけではないかもしれません。心配ごとがまったくなくなる、というわけでさえもないでしょう。しかし全体的な感覚として、私たちはずっと喜びに溢れた存在になります。

Point

- ライオンのランニングでは、距離や時計を意識しなくなる
- ライオンの瞑想では、自然に呼吸に集中できる
- ライオンは、平和で幸せを感じ、喜びにあふれた存在

21 パノラマ的気づき

ライオン・フェーズでは、これまでほどランニングのフォームやテクニックに意識を置きません。いまやタイガー・レベルでの充足感を得たので、心をそこまで集中させておく必要はなくなりました。自信に満ちているため、よりリラックスしており、走る理由を自分に言い聞かせる必要性も少なくなりました。ここでの行動は、もっと自然です。ランニングはただ単に、重い脚を何キロも運び、昨夜羽目を外したお楽しみを汗と一緒に流し出すとか、カロリーを燃やして余分な体重を減らそうとするものではないのです。人生を祝う行為なのです。

マインドフルネスを適用させる必要はやはりありますが、**このフェーズでは、単に呼吸を数えたり、走っている道にただ集中したりする代わりに、気づきをパノラマのように広げるトレーニングをします**。パノラマのような気づきで、精神的な能力はより強く、より大きくなります。より大きな心があれば、より多くのことを理解できます。物ごとを異なる視点から見ることができるようになるのです。精神的に、もっと柔軟になれます。他の人がどう考え、感じているのかを察知できるようになります。ランニングから帰宅したとき、これまでよりイライラが減っているのに気づくかもしれません。自分の周辺環境に向けてこのように自分をオープンにするには、スキルと、リラックスすることの両方が必要になります。

タイガーの走りは、一つの点に集中するものでした。しかしいま、私たちの焦点はもっとずっと広がりを持っています。視界の中に、自分の周辺も含めるのです。当然ながら、道路に注意を払うことは続けますが、**パノラマの気づきを実践すると、意識は周辺環境をもっと多く取り込める**のです。パノラマの気づきとは、頭の中の空想に完全に意識を持っていかれ、ぼんやりすることではありません。むしろ、自分の周辺とつながる方法であり、生きているしるしです。健康な心が、健康な体を通じて自らを表現しているのです。

パノラマの気づきは、必ずしもドラマティックな経験である必要はありません。実際はまったくもって普通に感じるかもしれません。森の中を走っているなら、木がざわめく音を耳にし、緑を目にし、空気をにおい、湿気を感じます。砂漠にいるなら、乾燥した空気を味わい、太陽の熱を感じます。街なかにいるなら、車が行き交う音を耳にし、人間の流れの中を泳ぐように走るでしょう。言うまでもなく、きょろきょろと常に辺りを見渡すわけではありません。これまでと変わらずにランニング・コースを進み、腕と脚を動かし、走ります。

パノラマの気づきがあれば、内なる環境（自分のリズム、心臓の鼓動、道路を蹴る足）を感じます。同時に、外なる環境（空、空気、生活の音）にも波長を合わせられるのです。パノラマの気づきは、自分のフォームに集中するのとは違います。また、ただ頭の中だけで、自分の感情と格闘するのとも違います。

こうした**ライオンの走りは、自分がいる場所との関係性の中で自分を感じる**という意味で、より上級のものです。気づきのおかげで、自然の五大元素（訳注：チベットの五大元素、地、水、火、風、空）と調和できます。こうした自然の元素とのつながりは、生きているということの一面でもあります。私たちはあまりにも長く屋内にいて、自然の元素に気づいていません。自然の元素は、私たちの敵ではありません。私たち自身が、自然の元素からできているのですから。それにつながるとき、私たちは刺激を受け、より強くなり、より繊細に世界とコミュニケーションできるようになります。このつながりは、心を現実に向けてリラックスさせるときに起こります。その現実とは、**私たちは何キロもただ黙々と走る孤独なランナーではなく、地球を走る生き物だ**ということです。それを認めたとき、生きている実感を抱きます。私たちは環境と戦う必要などないのです。

ライオンは、自然の元素とつながります。まず、風の元素とつながることが重要です。私たちの生命は、酸素を体内に取り込む呼吸に依存しています。環境を吸い込み、そして吐き出すことで、自分自身が環境と混ざっていきます。**風と空気は私たちの肉体的活力の一部**です。

走る際に、私たちは熱と火、地と水も生み出しています。体内温度は上がり、動きから生み出された熱がエネルギーと汗をつくり出します。汗として水分を流し、水を飲み、地の上を走っています。地面から自分を押し出すと、走っているまさにその地とつながります。私たちは自分の惑星とつながっているのです。

この気づきに注意しながら、慣れ親しむと良いでしょう。途方もないような話に聞こえるかもしれません。しかしパノラマの気づきは、そこで起きていることにしっかりとつながり、地に足が着いた状態です。**パノラマの気づきとは、単にランニングで気分がハイになるということではなく、また、痛みがなくなるという意味でもありません。**うずきや痛みはあるかもしれませんが、それでも、パノラマの気づきを持つことはできます。というのも、私たちの心はもはや、痛みに完全に奪われてなどいないからです。

私たちはいま、自分自身と環境の間のバランスを内側そして外側で経験しています。これまでは、自分の内側であまりにも格闘していたので、外の環境には気づいていいませんでした。もし家が何色だったかとか通り過ぎた木は何だったかと誰かに聞かれても、思い出すことすらできなかったでしょう。しかしいまや、こうした詳細をすべて鮮明に覚えているのです。これまでも、私たちは気づきたくなかったわけではありません。そうではなくて、リラックスするだけの体ができ上がっていなかったのです。もはや身体的に苦しんではおらず、そしていま瞑想の心をもって、私たちはもっと鋭く観察できるようになりました。あらゆることにもっと気づけるようになったのです。

ライオンが、山頂や渓谷を飛び跳ねながら山の草原でダンスできるのは、このようにパノラマの気づきがあるからなのです。

Point

- **「パノラマの気づき」とは広く自分の外の環境とつながること**
- **「パノラマの気づき」では全体のなかでの自分を感じる**

22 「基本的に健全である」という前提

ライオンが学ぶべきレッスンの一つに、「基本的な健全さ」というものがあります。瞑想においては、心は根本的に健全でありバランスが取れているというアプローチを最初から取ります。心は生来、強さと柔軟性を備えているのです。愛し、思いやる能力があるのです。トレーニングのせいで瞑想の間に気が散漫になったり疲れを感じたりしても、それが永遠の状態でないと私はわかっています。まるで雲が太陽を遮っているように、一時的な例外なのです。心の自然な状態、「基本的な善良さ」は根源的であり、普遍的なものです。

心が持つ「基本的な善良さ」に対する自信をもって瞑想に取り組むことで、私は失った強さと集中力を再び取り戻せます。しかし、もし気が散漫になり疲れてしまい、もう二度と平静になれないとか、バランスや正気を取り戻せないなどと考えて、自分の心は絶望的だなどと思ってしまったら、瞑想をすればするほど動揺したり落ち込んだりしてしまうでしょう。そのため、**そこまで体調が良くないときでも、自分が持つ「基本的な健全さ」に触れ続けるという原則を、ランニングと瞑想のいずれのときも維持するよう**私は心がけています。

ランニングで、自分は弱いとか体がなまっているなどと考えるネガティブな心の状態から抜け出せなくなるのを防ぐには、自分は基本的に健康だと捉えることです。確かにいますぐに5キロや10キロは走れないかもしれませんが、生来的には自分は健康だという事実を認識すべきでしょう。調子が良い状態というのは、私たちの内側に存在します。飛び立つ準備ができた小さな鳥と同じです。遺伝的に、鳥は飛ぶという性質を持っています。同様に、私たちは動くようにできているのです。

この点で、私にインスピレーションを与えてくれたのは父でした。父は偉大な瞑想の達人でした。チベットから脱出する際、ヒマラヤ山脈を歩いて越えました。父は不思議とこのおかげで、生涯、壮健でした。エクササイズはほとんどしませんでしたが、それでも、基本的に健全であるという視点から常に物ごとに取り組んでいました。そのため、父はいつも活気と元気に満ちていました。

私が継承した宗派は、2500年前にブッダと共にはじまりました。ブッダという名前を聞くと、私たちの頭には聖人のような人物が浮かびます。この人物は、紀元前6世紀に「ブッダ」、つまり「目覚めた人」と呼ばれるようになりました。究極の真理を経験した心の状態を体得し、その後50年間、自らの経験を教えるようになり、84歳でついに入滅しました。

この驚くべき宗教上の実績にもかかわらず、宗教的な生活をはじめる以前から、ブッダは結構なアスリートでした。やり投げ、レスリング、弓術、戦車競走をこなし、背が高く、非常にハンサムでした。スタイルが良く、言い伝えによると「ライオンの胸とアンテロープのふくらはぎ」を持っていたとされています。言い換えれば、ブッダはかなりのスポーツマンだったのです。人生には、身体的・精神的な要素がどちらもあるのが理想です。そのため、ブッダは身体的・精神的な規律について語るのに非常に適した人物でした。**瞑想は、ランニングのように、心のエクササイズとして適切で健康的なもの**と考えられていたのです。

何世紀にもわたり瞑想実践者たちが理解してきたのは、**心は生ものである**ということです。豆腐と同じです。中立で成形しやすいのです。感情が変化するような経験を心が受けとめる方法は、基本的に二つあります。一つは外の環境から五感〔視覚、触覚、聴覚、味覚、嗅覚〕を通じて来るものを受け止める方法です。こうした感覚や経験のすべてが、心に吸収されます。もう一つは、心で考えることで受け止める方法です。内側で考えるか、もしくは外からやって来る何かについて考えるかのいずれかです。この二つ目の受け止める方法は六つの識〔訳注：仏教の六識で、眼識、耳識、鼻識、舌識、身識、意識〕の六つ目で、つまりは意識を意味します。

方針がなければ、心は体と同じように、環境にあるあらゆる習慣を吸収してしまいます。たとえば、誰かがあなたに向かって攻撃的に何かを叫んだら、あなたはその攻撃性を吸収してしまいます。もしこの攻撃的な発言を痛みとして経験したら、あなた自身もおそらく、攻撃的に反応してしまうでしょう。もしあなたの心がもっと柔軟なら、相手をかわいそうに思い、何かやさしい言葉をかけるか、まったく何も言わないかもしれません。逆に、誰かが「愛しています」と言ったら、それも吸収されます。嬉しいと感じたら、「私も愛しています」と言って反応するかもしれません。その一方で、もし被害妄想に陥っていたり、脅かされていたり、結婚する心の準備ができておらず怖いと感じたら、話題を変えようとするかもしれません。こうした要素は、外側から来るものです。

心はまた、内なる環境からの習慣も吸収します。あなたは公園のベンチで気分よく座っているとします。子どもの笑い声や空にはためく凧、サッカーをして遊ぶ人々をほとんど気にかけず、一人で考えごとをしています。もしあなたが考えていることが、仕事がいかに順調であるかなら、心には満足感があり、気分が良いでしょう。もし家賃の支払いや恋人との関係を心配していたら、不安で怯えた感情を抱いているかもしれません。子どもたちが遊び、太陽が輝き、木で鳥がさえずっているにもかかわらず、です。

どちらの場合も、外の環境はあなたが抱く感情とはあまり関係ありませんでした。**あなたの感情は、あなたの心がつくり出した考えに完全に依存**していました。考えが持つパワーをおわかりいただけると思います。とりわけもっとも重要なことでもありますが、考えが存在すること、そして考えが存在しないことによるパワーをおわかりいただけると思います。

言い換えれば、仕事や家庭など何かについて考えているとしたら、それらの状況の中で何が起こっているかによって、あなたは気分が良くも悪くもなるということです。**そのため瞑想の実践とは、第一に心のパワー（心が何を経験し、それをあなたがどう感じるか）を、第二に考えのパワー（心が何に取り組んでいるか）を、はっきりと意識すること**です。**同じように、瞑想の実践とは、考えないことのパワー（心が取り組んでいないこと）である**必要もあります。

瞑想実践者たちが心を観察して気づいたことは、心とは生きていて、変化し、成長する生き物だということです。心は驚くほど繊細で、それと同時に驚くほどタフなものです。蝶がはためきながら通り過ぎるというシンプルな美しさに感動しつつ、非常に過酷な状況にも適応できるという両面を持ちながら、人間の心はどうにかして生き続けます。心はまた、驚くほどの寛容さと慈悲の能力も備えています。もっとも大切なのは、**心は訓練することができる**ということです。心は働きかけ、発展させることができるのです。瞑想実践者たちは、適切な教師さえいれば、心は喜んで伸ばされ、訓練されることに気づきました。

体そして同様に心は、あなたがそれをどう扱っているかが、すぐに影響として表れます。エクササイズをしなかったり、過食、喫煙、飲酒したり、または悪天候、ストレス全般、旅行などで体をないがしろにしたりすると、こわばりや痛み、疲れ、だるさを感じはじめます。これが体だと、私たちはあまり驚きません。

心も同じです。テレビを見たり、パソコンを使ったり、またはもっと害のある環境、たとえば愛されていないとか大切にされていないなどと感じる環境に心を長時間さらしたり、不満や猛烈に攻撃的な環境に長期間いたりすると、心は打ちのめされてしまいます。豆腐はさまざまに変色しはじめ、形が崩れてボロボロになっているのに、そんなことが起きているなんて私たちにはわからないのです。

環境がネガティブであれば、一般的に心は不幸な状態にあります。公然と「私は不幸です」とは言わないでしょうが、「いつもの自分らしくない」とか、「何だかいつもと違う感じがする」とは言うかもしれません。これがもう少しひどくなると、少し気分が落ち込んでモチベーションが上がらないかもしれません。さらに少しひどくなると、苦痛や腹立たしさを感じるかもしれません。当然、もっとひどくなると、常に動揺して怒りを抱き続けるでしょう。

反対に、**愛やいとおしさ、満足感、達成感、目的意識などポジティブな環境に心を置くと、こうした影響をすぐに感じる**でしょう。同じように、ポジティブな環境では心はウキウキするでしょう。自分の周りで起こることに好奇心や関心を抱くでしょうし、笑ったり笑顔になったりするタイミングも早くなるでしょう。また、他者の感情をより敏感に察知し、やさしさ、共感、愛を容易に示せるようになるでしょう。

もちろん、こうしたものは非常に基本的な一般論にすぎませんし、この中にはさまざまな組み合わせがある可能性があります。しかしそのすべての根底には、「基本的な健全さ」の原則が存在しています。人生が無常で、不確かで、不安定なものであるという事実を認めています。瞑想の伝統は、**私たちは間違いなく、さまざまな状況に陥ります。しかし、自分の心に共感することで、内なる健康と安定を活用できる**のです。極めて簡単に言ってしまえば、それこそが瞑想の実践の本質なのです。心の健康と幸せを発展させる、個人的かつ自給自足の環境をつくるということです。ライオンの規律がここで、役割を果たすことになります。

私がチベットを訪れたとき、天候は厳しく、そのため多くの場合、人々は天候にさらされた荒れた外見をしていました。しかし誰もが、この「基本的な健全さ」と強さを示していました。人は病気になると清めてもらいに私のところにやって来たのですが、それでも不平を口にする人は一人もいなかったのです。代わりにその人たちはいつも、それでもまだ体のどこが健康だ、という話をしたのでした。私は、まったく違うな、と驚きました。というのも、現代社会ではここよりももっと薬があるのに、もっと不平を口にしているように思えるからです。病気ではないかと必要以上に心配する心気症の感覚が漠然と存在します。

恐らくランナーは、他の誰よりもこれに陥ってしまいます。ランニング中にどこかがズキズキと痛み出すと、おわりのはじまりのように感じてしまうのです。これは被害妄想にも似た、過剰なマインドフルネスです。分析しすぎる心の状態にひとたびなってしまうと、ポジティブではなくネガティブに敏感になりすぎてしまいます。悪いこと、もしくは悪いかもしれないことに執着してしまい、おいしい食事を取ったり会話したりが難しくなってしまい、ましてや激しいランニングを乗りきるなんて無理だと思ってしまいます。しかし「基本的な健全さ」を思い出すよう鍛錬して心をゆったりもっていれば、どんなアクティビティでも楽しんで取り組めるでしょう。これは向上心をなくすということではありません。**基本的に健康だという感覚は、自分の弱点を理解し、それを改善する能力を与えてくれる**からです。しかしライオンの喜びと自

己を律する力があれば、強さが私たちの源となります。

Point

■瞑想は人は基本的に健全であるという前提に成り立つ

■ランニングでも、人は基本的に健全であるという前提を持てば不調を乗り越えやすい

■ネガティブな状況に対してマインドフルにならない

23 痛いときにはどうするか？

ランニングが嫌いだと人が言うとき、たいてい、それは痛みが嫌いだという意味です。ランニングとは、継続的に痛みに悩まされるスポーツです。それこそがランニングの個性なのです。私には誰かがランニングを続けられるかどうかわかるときがあります。痛みが嫌いではない、という人たちです。ただ、あまりにも痛いのは嫌なようです。

初めてのマラソンで巨大な水ぶくれができたとき、その痛みにどう対処したのかと複数のランナーに聞かれました。中には、私が痛みをブロックする瞑想の秘儀でもやったに違いない、とほのめかした人もいました。ブロックしたわけではないですよ、と説明しました。**痛みに注意を払いはしましたが、同時に、痛みに心を奪われないようにした**のです。痛みは現実における大切な部分ですが、過剰に心配していると何も達成できません。

人生の少なくとも50パーセントは痛みだと言えるかもしれません。痛みに共感しないと、人生の半分に共感しないことになります。私たちは、幸せなときはすべてが順調ですが、痛みを感じると動けなくなってしまいます。痛みに共感できないと、活動の場を狭めてしまいます。**痛みに取り組み、痛みを理解するとき、人生のおもしろさは倍増します。痛みに共感することで、もっと恐れ知らずになり幸せになれます。**

身体面において、体の痛みは誰もが経験します。実際にヨガはある意味、瞑想の際にじっとしていられるように、体を柔らかくするようにもできています。体がしなやかになればなるほど、よりゆったりとして、痛みを感じにくくなっていきます。しかし素晴らしい柔軟性をもってしても、体は一つの姿勢を長く保ち続けることはできず、そのため私たちは日夜、姿勢を変えています。同様に、心配は誰もがするものですし、後悔などまったくないという人は一人も存在しません。後悔は精神的な痛みを生み出します。精神的な痛みや心配は、私たちが抱えるその他多くの痛みの原因になっています。

瞑想とランニングは本質的に、これら二種類の痛みに取り組むものです。当然ながら、日夜ずっとランニングし続けるのは不可能ですし、日夜ずっと瞑想し続けるのも難しいものです。しかし、この二つの規律を毎日の日課に取り入れれば、私たちは心と体をもっと生きやすいものにすることができます。

ライオンは、痛みに対しはつらつとした態度で取り組みます。それは、痛みを我慢するという意味ではありません。そこには適切なバランスがあります。私たちは生涯、このバランスに取り組んでいくことになるでしょう。もし自分の感情や痛みについてひっきりなしに不平を口にしていたら、人は私たちを避けるようになるでしょう。病気だったり体調が悪かったりするのであれば、当然、他の人に伝えるべきですが、そうでないなら、痛みは自分の胸にしまっておいたほうがいいのです。

痛みに対処する際、理解すべきいくつかの要素があります。まず、**痛み、そしてつまりは体の不調は、通常いくつかの異なる状況が一緒になって表れた結果**だということです。私がトロント・ウォーターフロント・マラソンを走ったときに水ぶくれができたのは、その日、新しい靴下を履こうと決断したことの結果です。おまけに若干の霧雨が降っていました。つまり摩擦と湿気の間で、私は痛みを経験していたのです。

チベットの僧院の壁には、輪廻図と呼ばれる壁画が描かれていることがよくあります。そこでは、それぞれの人生の段階が絵画で表現されています。不調と執着に関連した絵は、矢で撃たれた人が描かれています。この絵が伝える智慧は、人が矢で撃たれたとき、誰がその矢をつくったか、どんな木でできた矢なのか、矢じりがどんな技術でつくられたのか、などと疑問に思ったりはしないということです。そのときに抱く疑問は、いかにしてその矢を引き抜くかです。

痛みを無視するには甚大な精神力が必要になります。最初のステップは、**痛みを認**

めることです。痛みと、痛みに反応する心は異なるものです。そのため次のステップは、**過剰反応しない**ことです。痛みにびっくりしてしまうと、火に油を注ぐように痛みをただ悪化させるだけです。自分のリアクションで痛みが余計ひどくなるのです。そのため、痛みを認めつつ、反射的な反応をすぐにしないようにしましょう。

前述したとおり、意識は中立なものです。それが幸せであれ不幸せであれ、痛みであれ健康であれ、意識は経験したものを何でも吸収します。意識の健やかさは、私たち自身の責任となるものです。非常にシンプルです。絶え間なく不機嫌なら、しばらくたつと、不機嫌が心の状態になります。その後は、たとえ良いことに対しても不機嫌になってしまいます。単に、それ以外に起こりようがなくなってしまうのです。

痛みと不調は、何かがバランスを崩していることをはっきりと示しています。現実からの警告なのです。間違った選択をしたから、いい加減な食事をしたから、もしくはマインドフルではいなかったから、いま、その影響を感じているのです。責任を負うとは、痛みやその他を責めるということではありません。同時に、罪悪感を抱いたり自分を厳しく責めたりする必要もありません。痛みと非難を組み合わせても、痛みにネガティブな影響を与えるだけです。

痛みと不幸な感情で圧倒されたとき、私たちは多くの場合、子どもっぽい反応をします。痛みを具現化するのです。痛みを責めるやいなや、痛みは私たちの敵になります。腹を立てても、その経験を糧に成長はできません。

そうではなく、むしろ**自分の行動を認識して、それを正す**ということができます。これにより、自分の成長、そして自分の誠実な面をサポートする方法として、痛みを活用できるようになります。**何かがいつもと違うと認めることは成熟の証**です。**痛みは成長するためのチャンス**だと認識すれば、成長の過程として痛みを受け入れつつ、いかにしてバランスの欠如を是正し前進できるかを理解する力が得られます。そうなると、私たちは痛みをチャンスだと見るようになります。つまずいて転んだら、今後はもっと気をつけようと思える機会として捉えるのです。もし転んだことを終始考えて痛みを増大させてしまうと、私たちの中でネガティブな感情が育ってしまいます。どうして起こったかを理解すれば、それについてくよくよ考えずにそこから学ぶことができます。

水ぶくれが大きくなっていったとき、私は痛みを認めました。痛みの力をなくすために、私は水ぶくれを、何かのバランスが欠けている明確な印だとして捉えました。そのときにできることは、私に本来備わっている強さと、これまで培ってきた体力に焦点を当てることだけでした。これが大ケガではなく、命にかかわるものではないとわかっていたので、この取り組みかたは無分別なものではありませんでした。このようにして、完走するという私の決意を強化するほうに心を持って行ったのです。あの痛みだけに意識を集中していたら、私のエネルギーはゆっくりとすべて流れ出てしまい、最終的には、続けられないと思うにいたったでしょう。

同じように、瞑想において、身体的な痛みだけでなく考えや感情から来る痛みも経験しますが、この苦しみに心を完全に支配させてはいけません。もしそうしてしまえば、瞑想の実践から得られたかもしれない恩恵がすべて痛みに台無しにされてしまい、セッションそのものが苦しみの瞑想になってしまいます。身体的な痛みがあるなら、姿勢を変えることができます。心の痛みがあるなら、心が痛みを手放すまで、その感情を順序だてて分解していくことができます。つらい考えで苦しいなら、心は空のようだと思いだしたり、目線を上げて部屋を見渡したりするなどして、視界を広げることができます。心の痛みには、非常に単純明快な方法で向き合いましょう。

痛みの経験は、他者とのつながりを保つための手段だと捉えると役に立ちます。誰もが苦しみます。自分の痛みがこの真理を思い出させてくれるとき、私たちはこれを、偽りのない思いやりの源として活用できます。**痛みの奥には、「根本的な健全さ」と「基本的な善良」さが潜んでいる**と、ライオンは知っています。痛むときでさえ、心の自然な輝きへと意識を向け、他者への思いやりを生み出すことで、ライオンのこの姿勢を伸ばせるのです。

Point

■ 瞑想もランニングも心身両面の痛みと向き合うもの

■ 心の痛みも体の痛みもバランスの崩れを意味する

■ 痛みは成長のチャンスであり、他者への思いやりを育てる

24 心の掃除の時間を確保する

ランニングは、ただ片足をもう片方の足の前に出す、というベーシックで自然な動きです。しかしその生体力学を見てみると、もっと複雑です。同様に、瞑想は一つの瞬間ごとにその時どきに存在する行為で、非常にシンプルでわかりやすいものです。しかしそれでも、チベットではこのテーマについて何千冊という書物が書かれています。

しかしながら、瞑想のシンプルさを心に対して使えば、たとえ忙しかった一日の後でさえ間違いなく、それは健康に役立ちます。長い一日の後に瞑想をすれば、心は自浄して、強さ、回復力、喜びを再び取り戻せます。意識をその日から引き離し、その瞬間の静寂に心を置きます。考えすぎたり空想しすぎたりしないことで、空想や心配ごとを手放し、ただその場に存在することができるのです。

心は二元的な振る舞いをします。仕事のプロジェクトや結婚生活の問題など、心にイメージが浮かぶと、私たちはそのイメージに反応します。もしかしたら、罪悪感という反応かもしれません。もし空想を抱いていれば、欲求を感じるかもしれません。もし石を見てそれが犬だと勘違いしたら、恐れを抱くかもしれません。心は常に、こうした考えやイメージに反応したり、これらを結びつけたりしているのです。だからこそ私たちは疲れたり、働きすぎたり、イライラしたりしているのです。**呼吸に注意を払い、いまの瞬間に存在することで、心はリラックスする空間を持つことができます。**

心はダンベルを持っている手だと想像してください。ダンベルはあなたが抱えているあらゆる問題や心配ごとです。瞑想の中でいまに存在することはまるで、ダンベルを手から降ろすようなものです。心や体のストレスはあっという間に軽くなります。瞑想は段階的に効果を発揮します。まず、比較的大きな考えや心配ごとを手放し、心にある重みを軽減しようと努めます。まるで上り坂を登るハイキングをしている最中にバックパックを降ろすような感じで、エネルギーを回復できます。その後、もっと小さな考えや心配ごとを手放していきます。

反対に、仕事の後により多くの考えや心配ごとを取り込んでしまったら、それは休息にはなりません。仕事から帰宅してすぐにテレビをつけてニュースを見たりしたら、世界のあらゆるところで起こっているさまざまな悲劇について耳にし、過度な負担を背負い込むことになります。こうした世界的な問題は非常に重要なことではありますが、このときにそれよりもずっと重要なのは、心にかかっている過重な負担やストレスを取り除くことなのです。

多くの場合、**人がテレビや映画を見るのが好きな理由は、自分の心配ごとを一時的に他の人たちの心配ごとにすり替えられるから**です。遠いどこかで何かが起こっているニュースは、自分自身の人生で起こっている何かと比べ、すぐに影響があるわけではありません。自分自身の精神的な心配ごとから気が紛れるのです。ある程度の安心感を得られますが、心が完全に休み、リラックスし、活性化されることはありません。瞑想の伝統によると、私たちが目にするネガティブな視覚的イメージとそれに伴う感情は、私たちの意識の奥深くに入り込みます。


瞑想の伝統において、**意識には八つの階層**があると言われています。最初の五つは五感と関連づけられています。六つ目は精神的な意識、夢や記憶がある思考部分の意識です。七つ目は感情的な意識です。そして八つ目は、他のすべてを包含する基礎部分の意識〔訳注：阿頼耶識《あらやしき》〕になります。八つ目の意識は、イメージや行動が保管されている場所だと言われています。欧米において、これはときに潜在意識と呼ばれています。

私たちは長く生きれば生きるほど、ポジティブなものにせよネガティブなものにせよ、より多くのイメージを集めます。こうしたイメージは常に心の前面にあるというわけではありません。心の後ろのほうに下がっています。しかしイメージが蓄積されていくと、特にネガティブなものの場合は、煩わしい考えとしてどんどんと心に浮かぶようになり、睡眠や人間関係を阻害してしまいます。心は中立でその環境に適応するため、まるで散らかった家の埃《ほこり》やがらくたに慣れてしまうように、この経験に慣れてしまいます。疲れ果ててイライラした感覚が普通になってしまい、しばらくたつと、それ以外の感覚を抱くことなど想像できなくなってしまうのです。自分が幸せじゃないから、みんなもそうだろうと思い込んでしまいます。

瞑想を、掃除のプロセスの一つとして活用できます。一日の中で心の洗濯をする時間です。洗濯すると、フレッシュで高揚した気分になるものです。そのため、忙しい一日を終えた後、ぜひ10分、20分、30分の時間を取って瞑想してください。そこに座り、心配ごとの代わりに呼吸に心を置くことで、ストレスを和らげ、心を強くする能力を伸ばしていきます。そしてそのスキルを、ランニングに当てはめてみましょう。

心を思考過程に置くのではなく、環境に置くのです。

これが、リラックスして活性化できる休息を心と体に与える方法です。心と体に、それらが本来持っている知性と健康を見つけさせてあげましょう。次回、仕事から帰宅したときは、テレビをつけたりインターネットをはじめたりする代わりに、腰を掛けて10分か20分、瞑想してみてください。真摯に向き合う対象を、その日の心配ごとから心の健康へと切り替えるとき、たとえ10秒、30秒、1分、2分の間だけでもその瞬間に存在することで、あなたは大きな重みが心から持ち上がるのを可能にしているのです。いまというその瞬間に身を浸しているので、心は浄化されていきます。このようにして、**生まれながらにして健康的な大きな心と触れ合います。その強さの中で休息していると、もっと心が広くなり、やさしくなれます。**

そして、ランニングに出かけましょう。自分の感覚認識、自然の元素とのつながり、体の動きが、あなたをより大きな世界へと連れて行ってくれるのに任せましょう。走りながらその瞬間にいるよう自分を律することで、心は浄化され、心の本来の輝きが取り戻せているのだと理解してください。

Point

- **掃除する時間を確保するように心の洗濯をする時間としての瞑想の時間を確保する**
- **ランニングであえて「いま、ここ」に向き合うことで心の輝きを取り戻す**

25 瞑想とランニングには幸せになるコツがある

著書 *'Ruling Your World'*（Harmony 未邦訳）を2005年に出版した後、ヨルダンのヌール王妃と、ユダヤ教の指導者ラビであるアーウィン・クラ師と組んで、心のこもったリーダーシップとは何かについて公開討論を行いました。異なるバックグラウンドを持つ私たち三人の指導者が一堂に会し、強いリーダーシップには思いやりがいかに大切かという点について協議しました。若い人たちがこの討論会を聞くことで未来に恩恵がもたらされるだろうと考え、ニューヨーク大学とタフツ大学で公開討論会を行いました。同じくランナーであり瞑想もするジェリー・マードック氏がモデレーターを務めました。討論会はゴールドマン・サックスでも行われました。非常に多忙かつワクワクするような時でしたが、それでも、ランニングと瞑想の時間をうまくつくることができました。

多くの人と同じように、私は**忙しい時間を過ごした後に、しっかりとランニングするる**のが好きです。あまり動かずにいくつもの会議をこなしたり指導し続けたりした忙しい日の終わりには、努めて走りに出るようにしています。健康的なこのアクティビティに取り組むことで、走り終わった後、より幸せに感じられるのです。同様に、**心の中でポジティブな考えに専念するよう実践した後、思いやりについて瞑想をします**。他の人に向けて心を広げることで、自然と喜びが増すのです。運動と瞑想に取り組むことは、心と体の幸せへの切符です。やりたくないと思うかもしれませんが、私たちにとって良いことなのです。

ライオン・フェーズでは、幸せに慣れ親しむようにしましょう。幸せは消えてしまうだろうなどと恐れてはいけません。幸せの自然なありかたを信頼してください。この幸せは、心の自然なスクリーン・セーバーです。気がかりな電子メールをいつまでも引きずったり、娯楽や気晴らしにネット・サーフィンをしたりしても意味はありません。ただリラックスして良い気分を味わいましょう。これは甘えのように聞こえるかもしれませんが、自分の基本的なありかたにおいて、強さと自信はこのように発展させていくのです。**幸せとはどんな感じなのかを認識すること、そして幸せは自然でありかつ健全でもあると気づくことが大切**です。

幸せでいてもいいのです。喜びを感じることに罪悪感を抱く必要などありません。同時に、「基本的な善良さ」がどのような感覚かを知ると、幸せとは何らかで気分が高揚した状態のことではないと気づきます。常にジョークを言うものでもありません。また、甘い言葉も必要ありません。というのも、私たちが持って生まれた知性、好奇心、感謝の中にすでに存在するからです。スノーライオンの喜びで、私たちは心が本来持つ健康な状態をただ感じます。幸せへの愛着が度を越してしまったときは、自分でそうとわかります。それが欲求や執着へと変わるからです。

長期間にわたる**幸せへの秘訣は、心と体に健全なアクティビティに取り組むこと**です。身体的な幸せは、じゅうぶんな運動、良い姿勢、水を飲むこと、そして健康的で良質な食べ物を摂ることで得られます。身体的な不幸せは、停滞、運動不足、姿勢の悪さ、質の悪い食べ物、水分をじゅうぶん取らないこと、そして酸素の欠乏からもたらされます。心の幸せは、たとえば愛、寛容さ、思いやりなど精神的に健全なものにかかわることで得られます。心の不幸せは、自己中心、怒り、プライド、極端な精神状態、激情、注意散漫からもたらされます。

ライオン・フェーズにおいて私たちが経験する幸せは、どこからともなくやって来るものではありません。身体的な鍛錬と精神的な努力の結果なのです。そのため、**幸せはゴールではなく、精神的および身体的に健全なアクティビティからの副産物**です。こうしたものに取り組めば、結果として心と体が幸せになります。

誠心誠意、自分を幸せとつないであげることで、悲しみに対処できるようにもなります。心が幸せに執着してしまうと、悲しみに対して落ち込んだり怒ったりという反応をしてしまうかもしれません。**幸せでいる最善の方法は、幸せを自分の目標としないこと**だと私は学びました。個人的な幸せを強く望んでしまうと、とらえるのがもっと難しくなるだけです。幸せを個人的な目標にすることは、不幸せ行きの直行便チケットです。「自分」が中心になってしまうからです。私が好きな格言の一つに、「惨めになりたければ自分のことを考えよ。幸せになりたければ他者のことを考えよ」というものがあります。自分のことしか考えられないとき、「自分」を幸せにするような状態は長くは続きません。

自分にとって健康的なものは最初、多くの場合、気持ちよく感じられないかもしれません。私たちが不健康なことに慣れてしまっているからです。心と体は、ネガティブな習慣にもポジティブな習慣にもすぐに慣れてしまいます。ネガティブな習慣の結果は不幸せであり、ポジティブな習慣の結果は幸せです。会社で何時間も室内で過ごした後、着替えてランニングに出るのは、ときにあまりにも大変だと感じます。ただテレビを見て過ごすほうがよっぽどしっくりくるように思えるのです。でも幸せになりたいからテレビを見るのならば、幸せは健康的なアクティビティからもたらされるということを思い出すべきです。なので、着替えて走りに出るか、テレビを消して瞑想するべきでしょう。

30分間の運動、または思いやりについての30分間の瞑想は、活力や幸せへとつながります。このことを理解すればするほど、より取り組むようになり、より取り組むようになると、より健康的に感じるようになります。健康的なアクティビティを通じて、心と体の幸せは連続したものとなります。不幸せは単に、間違ったものに取り組んでしまった結果なのだと理解しはじめます。何にもならないアクティビティに取り組んでいるか、ある意味、あきらめてしまっているかです。ですから、自分を律し続けなければいけません。**自分を律するとは、骨の折れることをあくせく続けることではまったくなく、本当は喜びをもたらしてくれるもの**だと、私たちは気づきはじめています。どのアクティビティを続け、どのアクティビティをやめるべきかを教えてくれるからです。

6世紀にインドに実在した、仏教の瞑想の達人だったシャーンティデーヴァ（寂天）は、次のように述べています。ポジティブな努力をするときは、しかめっ面で取り組むべきではなく、むしろ、暑く埃っぽい日に冷たい水たまりに飛び込む象の喜びをもってするべきだ、と。この比喩は、私にインスピレーションを与えてくれます。というのも、善きことに向かって努力するとき、たやすいものばかりではありません。むしろ徹底的につらいときもあります。私は、10日間または1カ月の瞑想に入る際に、この象について考えます。こうしたときは、一日が18時間にもなり得ます。3時にはじめるためには2時半に起床しなければならず、瞑想と儀礼的な読経は夜10時まで続くかもしれません。しかしそのことで憂うつな気分になって目覚めることはほとんどありません。私はいつも、熱意を感じています。

室内がものすごく寒くても、耐えられないほど暑くても、何時間も読経し瞑想し続けることに対し、私は熱心な姿勢で臨みます。このアクティビティが善なる目的のためだからです。自分の理解を深めるだけでなく、自分を律することで他の人の役にも立つのです。儀式の中には、病に苦しむ人たちへの祈りもあります。僧院では毎年、平和と、生きとし生けるものすべての全般的な健康と幸せに向けて、長時間の勤行を行います。

このような心の持ちかたを、寒い朝やうだるように暑い午後に数えきれないほど適用して、これまでランニングやエクササイズをこなしてきました。朝や午後は多くの場合、僧院で指導中や学習中に走りに行ける唯一の時間です。私は、寒さや暑さ、疲労に対して、喜びに満ちたあの象の姿勢で取り組むよう努力しています。自分が何か良いことをしているとわかっているからです。

私は多くのランナー同様、走ったことを後悔することはほとんどありません。ライオンの喜びと自律する能力をもって、ほぼどんな状況でも走ることができます。ある冬、マイアミ・ハーフマラソンに向けてトレーニングしていました。そのとき、北米最東端の地域、ケープ・ブレトンにいました。目を見張るほどに美しい島で、ヘラジカが歩き回り、ハクトウワシが木の高いところで羽を休めています。この島のルーツはフランス系入植者であるアカディア人にあり、またケルト音楽のフィドル（バイオリン）で知られた場所でもあります。しかし私はケルトの歌や踊りの集いでそこにいたわけではありません。瞑想の隠遁に入るためでした。ランニングに出られる時間を捻出する方法を見つけ出し、さらにレース前に一度だけ長距離ランもできました。

長距離ランの前夜、猛吹雪に見舞われました。翌朝、アシスタントのジョシュ・シルバースティーンは、走りに行けない、と非常にがっかりしていました。ジョシュは初めてのフルマラソンに向けてトレーニングしていたのです。しかし外を見ると雪はやんでおり、真っ青に澄み渡った空の下には、幻想的な純白の不思議な世界が広がっていました。私は言いました。「行こう」

ビニール袋にランニング・シューズを入れ、雪用のシューズを履いて外に出ました。腰まで積もった雪をかき分けて長い私道を進むだけで45分かかりました。やっとの思いで道路まで出ると、そこは完全な静寂に包まれていました。ありがたいことに、除雪車がすでに通った後でした。そして私たちは2時間のランニングへと出かけました。

インゴニッシュという村を走り抜けるとき、村の人々は走っている私たちを見て面白がり、私たちは手を振って応えました。降雪が、楽しく、心地よい雰囲気をつくってくれていたのでした。

数日後にマイアミに到着すると、気温は30度近くありました。私たちがそれまで一体どこでトレーニングしていたかなんて誰も想像できなかったでしょう。ジョシュと私はそれぞれのレースで完走しました。ジョシュは満足しており、私もそうでした。自分を律することと喜びをいかにして適用させるかを知っていたことから得られた結果だったのです。

Point

■ **幸せはごく自然なものであると知り、恐れない**

■ **幸せに執着すると幸せにはならない**

■ **瞑想やランニングといった心身を健全に保つアクティビティは幸せをもたらす**

26

誇りと驕りは違う

ライオン・フェーズの瞑想において、喜びは無我のレベルに達することからやってきます。マインドフルネスと気づきの実践で、私たちは精神的な負担の一部を手放しました。不満の原因は小さくなりました。心配ごとの重さを軽減できました。よりはっきりと考えられ、より速く走れるようになりました。自我（エゴ）があると、私たちはどこにも入り込めないほどあまりにも尊大になってしまいます。**無我なら、どこへ行くこともできます。**パノラマの気づきの実践のおかげで、より大きな世界につながり、そして自分もその一部であることがわかりました。

精神的・身体的に軽いおかげで、ヒマラヤの高原に登り、甘く香り高い空気をかぐことができます。私たちは、鍛えられた自分の体を誇りに思います。そのことで傲慢になってしまうことすらあるかもしれません。それが、ライオン・フェーズにおける破滅の原因となる可能性があります。

仏教の伝統では、五つの驕りを認識しています。一つ目は、立場から来る驕り。重要な家族出身だとか、重要な役職に昇進したとか、自分がエリート集団の一員だと考えることなどです。二つ目の驕りは富から来るもので、金銭や、車や衣類といった新たな所有物を手に入れることに関連しています。三つ目は知性面での驕りで、自分の知識にプライドを持っています。四つ目の驕りは優れた能力や若さ、美しさから来ます。これは身体的な外見に由来するものであるがゆえに、アスリートは特にこの種類の驕りに陥りやすいものです。心と体のコンディションがピークのときは、常にある程度のプライドがあるものです。五つ目は、自分は驕りなどないと思い込む驕りです。

驕りとは、誤った自己評価をもとにした精神の肥大です。自分を過大評価してしまっているのです。もし私たちが経済だったら、インフレということになります。驕るようになってしまったら、たとえばやさしさや規律など、これまで身につけた他のすべての美徳が無効になると言われています。思い上がっている状態は、伸ばそうと努力してきた良い性質が存在するすきを与えないのです。驕りは明らかに、周囲の人たちをイライラさせるものです。驕りのせいで私たちは、周囲の人たちの良いところが見えなくなってしまうからです。また、破滅への道を築いてしまうため、非常に危険にもなり得ます。

たとえばもし私たちが科学の分野でノーベル賞を受賞したなら、つまずいて転び、自分の数式を忘れてしまうなどということはほぼないでしょう。でもランナーである私たちのプライドの土台は、もっとずっとはかないのです。というのも、健康な体を持っているというえで成り立っているからです。肉離れを起こしてしまったら、何カ月も走れなくなるかもしれません。自分自身のことで頭がいっぱいになってしまった、驕ったスノーライオンにならないように気をつけなければいけません。

驕りは一気に現れるものではないかもしれません。驕りとは、体の調子がいいからトレーニングはそんなに必要ないと思うことかもしれません。そこまで負荷のないランニングは自分より下だと見下すことかもしれません。驕りのせいで、自分の健康を当然のものとして見てしまいます。そうなるとたんに、良かったはずの体の調子は失われていきます。そのため、驕りへの対抗手段としてわかりやすいものに、謙虚さがあります。ライオンは、謙虚さを使って地に足の着いた状態を保っており、つまずいたり転んだりしにくいのです。

成功を伴う謙虚さは常に素晴らしく見えます。しかし驕りで塗り固められた成功は、これ見よがしのように見えます。目標を達成するとき、当然ながら誇り高い気分になりますし、そうであるべきです。しかしここで話している驕りは、喜ばしいものというより病気なのです。

ユーモアは、驕りを抑制するのに間違いなくぴったりの方法です。**ユーモアがあるということは、オープンであるということ**です。常にジョークを言ったり面白いいたずらをしかけたりするわけではありませんが、柔軟な態度でいるということです。ランニングと瞑想は絶え間なく、私たちをオープンな状態へと導いてくれます。そのため、**自分の実績に執着している自分に気づいたら、何らかのユーモアを挟んだほうがいい**でしょう。友達と一緒に過ごし、心を軽くするのもいいでしょう。これが心と態度に役立ち、必然的に瞑想の役にも立ちます。**笑えること、特に自分を笑い飛ばせることは、人生を生き抜くためのツール**なのです。

チベット語で驕りは「ンガギェル」と言い、「私は素晴らしい」という意味になります。これは、自信とより関係のある「素晴らしい気分だ」とは異なります。自信はポジティブな性質から派生するものですが、驕りはポジティブな性質の中にあるネガティブな性質から派生するものです。そのためライオン・フェーズにおいて、自分が達成した実績を楽しむのは大切ですが、自我（エゴ）は手放してしまったほうがいいでしょう。

Point

- **ランニングが喜びになるころには「驕り」の感情が出がち**
- **驕りとは自己の過大評価で破滅を招く**
- **驕らないためには謙虚さとユーモアを持つ**

Lesson

ライオンの瞑想

「いま、ここ」で幸運を感じる

ライオン・フェーズの間は、**幸運だという感覚について観想**します。ついていない日もあるかもしれませんが、ランニングしたり瞑想したりしていれば、感謝したくなることはおそらく多くあるでしょう。自分の価値を認め、自分が手にしているものに感謝することが、私たちの生命力、強さ、目的に活力を吹き込みます。自分が手にしていないものについて考えることは、ネガティブさと絶望の道に私たちを向かわせます。良好な健康状態、エクササイズできること、比較的正気な心、そして感覚器官、こうしたものへの感謝を感じましょう。こうした事実を観想することで、私たちは幸運であるという結論に達します。

第一に、私たちは生きています。欧米では多くの人が、政治的にも経済的にも比較的安定した国に暮らしています。好きなように考え、行動する自由があります。冷暖房が効く家に住んでいます。友達や家族と一緒にいられます。ほとんどの地域で、質のいい医療を利用できます。

自分の幸運について観想する中で、次のような考えが浮かぶかもしれません。「いまはアメリカに住んでいるけど、むしろカナダに住みたいな」、「稼ぎはいいけど、誰々さんほど裕福じゃない」、「健康ではあるけど、10歳若かったらよかったのに」。このようなことが起こったら、自分の幸運を観想するのをやめて後悔を観想しはじめていることに気づきましょう。その瞬間に存在するよう努力します。あなたはいま、心をトレーニングし、伸ばしているのです。**自分の幸運を観想していると、喜びを感じ、自分はかけがえのない存在だと感じます。この感覚のおかげで、自分の人生をもっと賢く使おうと思うようになります。その結果、この観想が終わると、自分が手にしているものへの感謝が深まり、別の状態を願う時間が減るでしょう。そのため時間の無駄が減る**のです。

私たちが幸運だと感じるとき、必然的にポジティブな方向へと向かいたくなるものです。この姿勢があれば、悪い習慣を変えやすくなります。エネルギーを浪費してしまう恨みの感情を誰かに対して抱くより、謝るほうがたやすく感じます。仕事についても、違う状況だったらよかったのにと願うのではなく、うまくこなせるようになります。

幸運だと感じていると、とても深遠な感謝の念が育っていきます。そのため、感謝により親しんでいく中で、感謝が自分の個性となっていきます。この観想は非常に重要です。とりわけ、私たちが何を持っていないと訴え、何が足りないと見せてくる広告が溢れる昨今はなおさらです。ほとんどの広告が訴えてくるのは、その商品が私たちを特別だと感じさせてくれ幸せにしてくれるから、私たちは満たされ幸運に感じられるのだ、というものです。実際は、こうした感情を抱くために新たな何かを買ったり、どこかに行ったりする必要などありません。**幸運は「いま、ここ」で見つけられる**のです。

選択肢が多く忙しいこの世界で暮らす人にとって、自分の幸運についての観想は、無邪気だとか、うぶすぎるとさえ映るかもしれません。それでもこの瞑想はとてもパワフルで、わずか一組の服と一日に足りるだけの食事しか持たずに瞑想する人が、自分はいかに幸運かと話すのを私は聞いたことがあります。そして、病に伏せて死の淵にいる人たちにとって、幸運だというこの態度は二つの意味で非常にパワフルです。まず、この人たちは必ずと言っていいほど、自分が持っているものに感謝することなく常に奮闘して時間を無駄にしてしまったことを後悔しています。また多くの場合、時間が本当にどれだけあるかを知っている人など誰もいないこと、そのためいまの瞬間に感謝すべきだということを最期の日々で悟ります。残った日々、この人たちはいまあるものに感謝して過ごすのです。

幸運だという感覚を生み出すために、そこまで重い心構えで瞑想をする必要はないし、過度にくり返すプロセスにする必要もありません。ただ、**生きているだけで運が良いと思い出すために活用すればいい**のです。

この観想をランニングに持っていく場合、**走れること、健康なこと、屋外にいられること、またはきちんと作動するトレッドミルを見つけられることが、いかに幸運だろうか**という点を特に強調して行えます。

幸運だという感覚の大小は問題ではありません。あなたが感じる感謝の瞬間がすべて積み重なっていくからです。ランニングの後は特に、ほとんどの人が感謝の念を抱きます。そしてその感謝は、人生全体へともたらすことができるのです。

Chapter 4

ガルーダ

自らの限界に挑む

27 知性を持って大胆な挑戦をする

マインドフルネスとやさしさを実践して基礎を築いてタイガー・レベルを確立し、ライオン・フェーズの喜びと規律を味わいました。そしていま、私たちはトレーニングの中でも大胆な部分、ガルーダ・フェーズに入りました。アジアの文化全体で、ガルーダは人間の腕を持った神話的な動物が、孵化して飛び立つ準備ができた姿で描かれています。ランニングのこのフェーズが「大胆」なのは、安全地帯の外に出て自分に挑戦する準備ができた状態だからです。

ガルーダの走りのテクニックとは、新しい環境を経験することです。その環境では、新しくて新鮮な刺激を経験できます。ということで、新しい場所でランニングするのもいいかもしれません。このランニングは自分への果敢な挑戦となるため、身体的・精神的パワー全開で取り組む必要があるでしょう。基本を改めて思い出してみるといいでしょう。姿勢を整え、呼吸に気をつけ、足の運びを適切に行うのです。このマインドフルネスが、大変なランニングを走りきる強さを与えてくれるでしょう。同時に、ライオン・フェーズで学んだパノラマの経験も取り入れてみましょう。つまり、細部への気配りと周りの環境への感謝の両方を持つのです。

ガルーダの瞑想のテクニックは、マインドフルネスと気づきの健全なバランスをさらにつきつめていくものです。これまでの限界を乗り超えられるようになる、という結果を得られます。大胆な瞑想のステージにいるとき、より長いセッションに挑戦することで自分に挑んでみたいと思うかもしれません。20〜30分の長さに慣れているのなら、1時間やそれ以上やってみたいと思うかもしれません。私たちもよく長めのセッションを行いますが、チベットでは「ニントゥン」または「ダトゥン」として知られています。「トゥン」は期間を意味します。そのため、「ニントゥン」は終日の瞑想という意味です。「ダワ」は月を意味する言葉なので、「ダトゥン」は1カ月の瞑想という意味になります。

シャンバラ・センターの多くでは、このような一日、一週間、一カ月におよぶ瞑想を行っています。こうしたセッションは朝にはじまり、歩きながらの休憩や食事休憩をはさみます。集中的な瞑想のセッションはとても大変ですが、そこには恩恵もあります。

こうした長い瞑想のセッションを、私は壮大な探検と同じだと考えています。新たな国を探検しようと決めても、たった一時間では目的地のわずかな雰囲気だけしか味わえません。一日ならば、もっとずっと多くを経験できます。文化やそこの人たちについて少し学ぶ時間があるのです。一カ月行けば、訪れた場所にもっとなじめるようになるでしょう。そのためこのような瞑想のセッションは、自分の心を経験して発見する機会となり、自分自身に慣れ親しむ機会となります。「ニントゥン」や「ダトゥン」に参加することで、自宅に居ながらにして休暇に行くことになるのです。**長いセッションは、瞑想を上達させるため、そしてその目的についてより深い知識と理解を得るために行う**ものとして非常に適しています。習慣となってしまった精神的なパターンをいかにして変えられるかを理解しはじめるのです。これがより大きな変化となる可能性もあります。

ランニングにおいて、ガルーダ・フェーズはマンネリの打破に役立つかもしれません。自分がここまでなら可能だと思っていたものを超越する力を貸してくれます。たとえそれが小さなものであれ、挑戦し続けるのは間違いなく良いことです。そのためこの大胆なフェーズでは、**自分にとって難しそうなゴールを選びましょう**。大切なのは、「大胆」が何を意味するかを理解することです。何か危険なことをするとか、害になる可能性のあることをするという意味ではありません。それだと、大胆な愚かさという意味になってしまいます。**ガルーダの大胆さは、ある程度の知性を備えたもの**なのです。いつもの時間や距離よりも多く走るというくらいシンプルなものでもいいのです。

いくつかのマラソン大会を走った後、私はまた違うマラソン大会に出て自己ベストを目指す代わりに、別の方法で自分に挑戦しようと考えました。難しいけれど不可能ではない何かをしたいと思い、32マイル（約51・5キロ）のウルトラマラソンを走ることにしたのです。自分のスケジュールにうまく組み込めるちょうどいいレースがなかったので、コロラド州北部で開催するミニ・ウルトラマラソン大会を企画しました。ランニング仲間の数人と話し合ったところ、みんな参加に積極的になってくれました。

大胆さはチベット語で「ポッォ」と言い、「しっかりとした判断」という意味になります。言い換えると、私たちは自分にとってギリギリの限界がどこかわかっているということです。私にとってギリギリの限界は恐らく30マイル（約48キロ）あたりでした。当時、100マイル（約160キロ）のウルトラマラソンを走るというのは、私にとって大胆というよりも、非現実的かつ危険でさえあったかもしれません。**「大胆」には、挑戦の他に、正しい判断も含まれる**のです。

ウルトラマラソン大会の朝、真昼の炎天下でのゴールとならないよう、私たちは早く起き出しました。私が好きなランニング前の朝食、ブルーベリーとオーツ麦のマフィンを食べてから、会場となる場所の降車ポイントまで車で行きました。

ボルダーの地元紙「デイリー・カメラ」のランニング・ライターであるマイク・サ

ンドロックも招待していました。マイクは面白い記事が書けるかもしれないと考えていました。他のメンバーは全員、これからはじまる長いレースにワクワクしていたのですが、マイクは常に、サムライ映画から抜け出てきたようなキャラクターのままです。あらゆることに冷静に取り組む、いぶし銀のような戦士なのです。その朝、誰よりも遅くベッドから出てきたのがマイクだったので、面白いなと思ってしまいました。

コースは23マイル（約37キロ）の周回で、最後はシャンバラ・マウンテン・センターとそこにある大仏塔の法身舎利《ほっしんしゃり》へと続く10マイル（約16キロ）という構成になっていました。シャンバラ・マウンテン・センターはコロラド州レッドフェザー湖そばにある瞑想所です。大仏塔は高さが108フィート〔訳注：煩悩の数で108だと思われる。約33メートル〕ある平和と悟りのための記念塔で、世界中から人が訪れる場所です。私たちが走るコースの地形は丘陵に富み、人里離れた非常に美しい場所でした。

全員が、長距離を走る前によく抱く、期待感のようなものに満ちていました。このランニング（たくさんのトレーニングと鍛錬の集大成）が誰にとっても大切なものだと、私たちは直感的にわかっていたのです。いまや私たちは全員ここに揃い、その瞬間（いま、ここ）に存在していました。漆黒の闇の中、舗装されていない暗い道を走りはじめるのは、ワクワクすると同時に不穏でもありました。ヘッドランプをつけている人も数人いました。暗闇の中で丘を走っていると、お互いの呼吸が聞こえます。夜明けまでにはすでにある程度の時間を走っていたため、日の出は待ち望んでいたシンボルでした。同時に、コロラドの激しい夏の太陽がやって来る前兆でもありました。

私たちは走り続け、標高が約２６００メートルから約２３００メートルへと下がる谷に向かいました。谷底では、美しい渓谷をいくつか走り抜けました。そしてとても恐ろしい「デスバレー（死の谷）」に入ります。長く曲がりくねった、10キロ近く続く坂道です。今回のランニングでここがもっとも過酷な場所でした。

19マイル（約30・5キロ）地点から21マイル（約33・7キロ）地点の間はまっすぐな上り坂で、最終的に標高２７００メートルの高さにまで戻ります。この最高地点に達すると、ゆったりとした下り坂になり、そのまま瞑想所へと到着します。皮肉なことに、ここがこのランニングでいちばん楽でした。私たちは全員元気で、この標高でありながら誰もが速いペースで進んでいました。

大仏塔へと進むと、通りで人が列をつくり、声援を送ってくれました。私たちは「ルンタ」が描かれた祈祷旗をつかみ、ついに大仏塔に到着し、シャンバラの伝統的な戦士の勝利の掛け声「キキ、ソソ！」を上げてゴールしました。５時間以上走り続けた後、ようやく立ち止まるのは何だか変な感じでした。このウルトラマラソンは明らかに、私の限界を試すものでした。これまで私は26マイル（約42キロ）を走れたので、30マイル（約48キロ）以上に延ばすのは可能でしたが、ここで私は境界線を広げたのです。これが私にとっての大胆なランニングでした。私の体は間違いなくこの挑戦を感じ、心の限界も同時に試されたのでした。

とはいえ、私はきちんと準備をしていました。大会の前の週、18マイル（約29キロ）を走った翌日に16マイル（約25キロ）走り、48時間の間に合計34マイル（約54キロ）を走りました。そのため、私の体が一日に30マイル（約48キロ）以上のランニングに耐えられるのはわかっていました。このような長距離ランをする良い点と悪い点を熟考し、体を痛めるかもしれないと理解していました。最終的に、自分の体力をこのように使うだけの体はできていると決意したとき、このランニングを慈善活動の資金集めとしても活用することにしました。そのため、精神的な充足感という要素もあったのです。

このランニングの後、そんなに長く走るなんて想像すらできない、と言う人たちと話をしました。わずか数マイルしか走れないと言う人たちです。私は、自分もほんの数年前までは同じだったと言いました。実際、6マイル（約10キロ）のランニングがまるで30マイル（約48キロ）のランニングのように感じたものです。私がウルトラマラソンを走りきれたのは、これまでずっと自分に挑戦してきたからに他ならないのです。

Point

■走る喜びを体験したら、次は大胆に挑戦するステージに入る

■大胆さには知性を備えた「正しい判断」が含まれる

■挑戦には入念な準備をする

28 期待と不安の向こう側

中国の伝説で描かれる鳳凰《ほうおう》のように、もしくはアメリカやローマ帝国の国章であるワシのように、ガルーダもまたパワーと権力の象徴でもあります。しかしチベットの瞑想の伝統においては、ガルーダが表すのはバランスと自由です。ガルーダが広げた羽は、集中した状態のマインドフルネスと、パノラマの気づきのバランスを示しています。鳥はどの方向にも飛べることから広い視界を持っており、そのため状況を正確に見極められます。ガルーダは特に、期待と不安からの自由を象徴しています。期待と不安とは、何かが起こることへの期待と、起こらないことへの不安です。

期待と不安は、二種類の痛みから生まれます。自分が求めているものに出会えない痛みと、自分が求めていないものに出会う痛みです。私たちはしばしば、求めている何かを手に入れる喜びと、求めていない何かと出会ってしまう痛みを経験します。レストランへ行き、食べたかった特別メニューが売り切れだったとき。残っているのは欲しくもない豆腐バーガーだけだったとき。スポーツは一般的に、期待と不安の基本的な事例を示してくれます。勝つ期待をしつつ、負ける不安に駆られます。ランニングにおいて、私たちは常に期待と不安に追い立てられます。瞑想もまた、期待と不安が現れる良い例です。深い気づきを得るよう期待しつつ、それができないのではないかと不安になります。

ランナーそして瞑想実践者にとっては、心が痛みと喜びにどう対処するかは極めて重要です。前述のとおり、心のもっとも基本的なありかたは中立です。これは映画に行くのになぞらえることができます。ホラー映画なら、心は痛みに耐えられずにそこから離れようとします。映画館から出たいとさえ思うかもしれません。反対に楽しいロマンティック・コメディなら、もっと見たいと思い、映画が終わらないで欲しいと願います。喜びを経験しているとき、心はその喜びから離れたくないのです。心を観察すれば、この二つの法則が起きているのがわかります。

痛みに関して言うと、難しいのは痛みではなく、心が痛みに対処できないことが難しいのです。瞑想において、人はたいてい、姿勢、不快な考え、または退屈から来るつらさに耐えられなくなります。つらいのは退屈そのものではなく、退屈に対処できない心がつらいのです。多くの場合、心がイライラする原因は、心そのものがヒステリックになっているためです。つらさと、ヒステリックになった心、その両方に対処できないのです。そのため、**瞑想やランニングでつらくなったとき、つらさそのものと、つらさに対処できない（訓練された心の場合は、つらさに対処できる）心の能力との違**

いを感じる必要があります。

反対に、状況が喜ばしいものであれば、心はもっと喜びを求めます。瞑想においてこれは「落ち着いた状態の誘惑」として知られています。瞑想実践者が求めているのはただ、安らぎと静けさを経験することです。心は瞑想の喜び、つまりは喜びに満ちた精神状態に愛着を抱くようになります。ランニングにおいてはランナーズ・ハイに中毒になります。さらなる喜びを受け取ると、心は本質的には中毒になってしまったも同然になります。その喜びから分断されているとき、私たちは落ち込んだり、怒ったりさえするかもしれません。喜びの対象を失ってしまうかもしれないという不安に対処できないため、私たちはつらい思いをします。たくさん走りすぎたり、喜びの状態を経験するためだけに瞑想していたりすると、恩恵のあるものは自然と何か問題をはらんだものへと変わってしまうのです。

人生を通して、喜びとつらさの両方を経験することは避けられません。それらにどう対処するかを学ぶことは、調和と幸せへとつながります。瞑想において、つらいとか退屈だということに対処できないと、そのつらさや退屈さに支配されてしまいます。そうなると、私たちは人生をずっと、退屈な状態やつらい思いを避けようとして過ごすことになってしまいます。しかしながら私たちは、自分が心に向き合い対処できるのなら、退屈さやつらさにも対処できるはずだと理解するでしょう。

逆に、喜びに誘惑されてしまうなら、喜びが私たちの人生を支配してしまいます。でももし**心に感謝して、心を楽しむことができるなら、喜びを常に追い求めたりなどしていない自分に気づく**はずです。そのおかげで、健全な主体性を手に入れることができます。そしてそれは、瞑想とランニングの両方に役立つのです。

この自由は、常に何かを求めるといった種類の希望から私たちを解き放ってくれます。そのような希望は決して満足できないことを示すしるしです。また、つらい状況を常に避けようとする不安からも自由になれます。これらは極端な状態です。期待と不安の間で常に揺れ動いていると、不安定でわずらわしい心をつくり出します。

ランニングと瞑想のいずれにおいても、集中、決意、目標が必要です。同時に、その決意と目標が病弊にもなり得ます。野心的になり、そのため期待と不安に悩まされ、それがトレーニングと実践を不安定にさせるのです。そのため**ガルーダ・フェーズでは、期待と不安を手放します**。ゴールするためのテクニックとして手放すのではなく、期待と不安が能力を抑え込み、精神の健やかさを深く侵害するものだと真摯に認識して手放すのです。期待と不安は心を締めつけ、能力を制限します。期待は不安によって掻き立てられ、不安は期待によって掻き立てられるという、単なる悪循環になります。不安に悩まされるため、大きな夢を持つことを自分に許すことができません。この循環を打ち破るには、力を抜いてもっと大きな空間へと入っていき、このような小さな心の持ちかたから自分を解き放たなければいけません。

期待と不安はどちらも、いま自分が手にしているもの、そしてこれまで達成してきたことに対して、感謝できないことが原因です。瞑想の実践において、ガルーダ・フェーズでは、より深い知性を発展させます。このような洞察は、「より高い知識」またたは「最高の知識」という意味のサンスクリット語である「プラジュナ」として知られています。期待と不安の悪循環が、いかにしてランニングのみならず人生をもむしばんでいくかがわかるようになります。「プラジュナ」があれば、被害妄想的な心を智慧で阻止し、期待と不安の物語へと発展していかないように抑えることができます。このようにして、従来的な限界を超越したランニングが心を広げてくれるのです。ガルーダのランニングを使い、心が期待と不安のサイクルへと入ってしまう前にそれを止められるよう、心に働きかけます。

このような期待と不安のサイクルには、瞑想のセッションを通じて取り組むことができます。瞑想で心を観察しはじめると、私たちはどれほどの心理的なエネルギーをこの二つのサイクルに費やしているかがわかるようになります。**期待を克服するには、自分のポジティブな面を認めること**です。過剰な期待を持つと、自分が達成してきたことを軽んじてしまうようになります。そうなると自分が無力だと感じ、これ以上達成できなかったらどうしようと不安になるかもしれません。この不安のせいで、自分の実績を低く評価して、期待に拍車がかかってしまいます。ここで言う「期待」とは、自分の能力はじゅうぶんではないという感覚です。瞑想中に、期待に向かって違う方向に進んでしまっている自分に気づいたら、自分が何者かについて、そしてこれまで何を達成してきたかについて、あまり力まないでリラックスするよう練習しましょう。

自分を小さく評価することで、期待と不安を超越できるなどということはありません。むしろ、自分にインスピレーションを与えてモチベーションを上げる必要があります。そのためには視覚化の実践を用いるのですが、これは**自分の考えが自分をつくる**という理論に基づいています。平穏な何かを視覚化すれば、より平穏な気分になれます。恐ろしい何かを視覚化すれば、怖い気分になります。

私たちは実のところ、一日中、何かしらの形で視覚化を活用しています。その影響は直接感じることができます。たとえばピザを視覚化すれば、お腹が空きはじめます。山道を走っている後ろからクマが追いかけてきているところを視覚化すれば、怖くなります。つまり視覚化は、それほど変わったものではないのです。スポーツに関しては、レースを視覚化するのは非常に当たり前になってきました。私はレースの前に、コースを車で走ってみるのが好きです。後になって実際に走るとき、私はある意味、自分が視覚化したものの中を走っているのです。

視覚化と空想を描くことは違います。一般的に、**視覚化を活用するいちばん良い方法は、理想的なシナリオを視覚化すること**です。そうすることで、完璧なイメージを視覚化できます。もし自分がマラソンを3時間で完走できるとわかっているなら、3時間10分のペースを視覚化するのは現実的です。2時間10分で走りきれると思い描くのは空想になります。

視覚化を活用する際は、できる可能性のある何かをまねすることが必要です。たとえば上級の瞑想を行う際、まずは慈悲と愛が持つ性質について観想し、次にそれを自分の中で大事に育てていきます。自分が愛する誰かを想像することで愛の感情を生み出し、それを抱き続け、慣れ親しんでいくのです。そうするうちに、その愛は深く染み込み、後で愛を抱きやすくなるでしょう。

ランニングでの練習としては、自分が走っている姿を視覚化し、その後、実際にそのとおりにランニングしてみます。**自分のポテンシャルを高めるには、体をつくり変えたり自分を磨いて向上させたりするよりも、視覚化を使いましょう。**これは瞑想からの重要な学びです。自分のどこをどのように改善できるかを観察しながら、いかにしてポジティブな面に焦点を当てるか、ということです。このテクニックは、不安に取り組む際に役立ちます。

不安は、不快な何かを経験したくないことに起因しています。そのため、レースで負ける感覚に対して不安になるし、目標を達成できないのも不安になります。当然、目標が非現実的なものであれば、それも不安の理由になります。そのため、**非現実的な期待にまず取り組むと、ある程度は不安を軽減できます。そして不安を打ち消すには、生まれながらにして持っている健康を体感し、自分が何者であるかを尊重すること**です。つまり、自分が大切であるという感覚を経験することです。

期待そのものは、壮大な詐欺師と言えます。私たちは求めているものに近づいていると感じているのに、本当は離れています。この動きは、瞑想実践者にとってもランナーにとっても、まったくこのとおりに当てはまります。期待は常に、目の錯覚を起こさせます。期待とは、未来の何らかの状態へと私たちを推し進めていく感情です。そのために、自分がレースに勝っている姿を想像させます。不安は、じゅうぶんな智慧と知識を持っていないことから起こります。不安のせいで、私たちは実際に何が起こっているかを見るのではなく、不安の目線から見た状況が本物であるかのように具現化してしまいます。不安のせいで、私たちは反射的な、何も考えない反応をしてしまいます。

アスリートにとって、**不安は多くの場合、執着に関係**しています。自分の体に愛着を持っていますが、そのため、強さ、柔軟性、体力を失うことや、ケガを恐れていますす。執着そのものはあまり恩恵をもたらしません。基本的に、私たちは固執しているだけなのです。執着しているか否かによらず、体力はついては消えていくものです。それを心配して不安を悪化させても、何の助けにもなりません。

ランナーが運動面での自分の努力に執着するのは、ちょうど学者が自分の知識や立場に執着しているのと同様で、驚く話ではありません。学者は、他の人が知らない何かを知っているから自分には実力があると感じます。アスリートは、体力があるから自分には実力があると感じます。そのため、アスリートが自分の体力に執着してしまうのは自然なことです。しかしながら、自分の肉体へのそのような執着は、心を疲弊させかねません。これは、理想化された自分にしがみついている一種の期待なのです。

執着が大きければ大きいほど、期待と不安の振り幅も大きくなります。この期待と不安のサイクルは、体に大きな弊害をもたらします。集中的にトレーニングを重ねた後、期待でくたくたになってしまうかもしれません。それでエクササイズをやめてしまい体重が増え、まさに不安に思っていた状態になってしまうかもしれません。あまりに大きな期待を持ってそこに固執してしまうと、それを持ち続けることで疲れ果て、手放さなければいけなくなります。そして体重は増え、不健康になり、体力がなくなるのです。

ある程度の期待と不安は、ほぼ間違いなく避けられないものですが、それが過剰になると、精神的・身体的に不安定になってしまう可能性があります。そのため、ガルーダの知性と正確な評価をもって、もっと地に足をしっかりと着けるようにしましょう。そうすることで、期待と不安を超越した自由とバランスを手に入れられます。**不安は、「基本的な善良さ」を信頼していないということ**です。**期待は、「基本的な善良さ」の存在を信じていないということ**です。瞑想においては、**期待は、自分の心の長所を認識する能力がないということ**です。**不安は、心が生来持つ強さに自信がないということ**です。そのため、期待は自分との距離をつくり、不安は物ごとを近くに引き寄せます。この観点から見ると、期待は自分が手にしているものに満足していない状態で、不安は欲しくないものに対処できない状態です。このサイクルを打ち破るのが大胆さです。そしてこれが、ガルーダが生まれ持つ資質なのです。

Point

■ランニングでも瞑想でも期待と不安が現れるときがある

■つらさそのものと、つらさに対処できない心に対して感じるつらさは違う

■期待とは執着により起き、執着が大きければ期待と不安の間で不安定になる

29 マンネリの打開に「思いつき」

この後に一体何が起こるかは、誰にもわかりません。生きている意味とは、そのときにそこにいて実際に経験するということです。「思いつき」とは、「計画性なくいますぐに」という意味です。思いつきの行動を前もって計画することはできません。その瞬間に存在し、自然に起こるように任せるということです。

思いつきはランニングに活気を与えてくれます。瞑想においては、思いつきが新鮮さをもたらしてくれます。皮肉なものです。私たちはその瞬間にいるよう練習しているのだから、瞑想は常にインスピレーションに満ちていて新鮮なはずです。しかし私たちは習慣から抜け出せない生き物なので、自分の思いつきでさえも画一化しがちなのです。純粋な思いつきは、私たちの本来の目的を思い出させてくれます。

基礎を築くにあたり、ルーティンを使って心と体のポジティブな性質（瞑想ではマインドフルネスと気づき、ランニングでは強い骨と筋肉）を築いていきます。瞑想とランニングの活動を、フィットネス、健康、平和、智慧のベースとして使うには、しっかりとしたこの土台が必要なのです。

瞑想とランニングのどちらにおいても、基礎を築くには一貫性が必要になります。しかしそれでも、**基礎を築くこと（規律とルーティンを持つこと）とワンパターンな型にはまることの間には、常に微妙な違いがあります**。一貫性を求める際に、インスピレーションを失ってしまうことがときおりあります。もしランニングや瞑想が機械的になってしまったら、思いつきは消えてなくなってしまいます。その原因はルーティンにあるかもしれません。瞑想の実践においてこれは「過剰な防御手段」として知られています。

ランニングや瞑想を妨害する別の要因として、目的を忘れてしまうというものがあります。 なぜこれをしているのかを忘れてしまうと、走ったり座したりするためのインスピレーションをもはや感じなくなってしまいます。そのため基礎を失いはじめます。体はなまってきて、心はストレスを感じるようになります。

ガルーダ・フェーズでは、たとえこれまでと同じ道で同じランニングを同じ時間に同じ人たちとするにしても、思いつきを大切にした心構えで走りましょう。草原に生えている木まで走ろうというインスピレーションを受けるかもしれないし、これまで知らなかった丘を駆け上がろうと感じるかもしれません。他のランナーにコースを選んでもらうのもいいでしょう。トレッドミルの上でだって、思いつきでの走りは可能です。新たな領域を探索するべく、速度や傾斜を変えてみるのです。

思いつきは、目的を再び目覚めさせるのに役立ちます。 思いつきが勢いを変えて、いま自分がしていることにエネルギーをもたらしてくれるかもしれないのです。ルーティンを打ち破り、視界を広げてくれる可能性だってあります。ガルーダはこのようにして、期待と不安の向こう側へと進むのです。

Point

- **思いつきとルーティンは組み合わせて有効活用する**
- **思いつきは現状打破に役立つ**

30 違った体験をトレイル・ランニングで

コロラドでのランニングが最高な理由の一つに、山のふもとの丘陵地帯や山の中を曲がりくねって進む、整備されていない細い土の道を走るトレイル・ランニングができるという点があります。シャンバラ・マウンテン・センターの近くには、どこまでも続くトレイルがあります。山あいの谷を走り抜けたり、急勾配の尾根を上がったり、ときには小川を歩いて渡ったり飛び越えたりできます。ボルダーの地域には、アメリカ屈指の広さを誇るトレイル網があります。こうした**トレイルに沿って走っていると、心と体が見事に調和**されます。

トレイル・ランニングは、若干の調整をしたり岩を飛び越えたりといったことが必要になるので、**体幹を鍛えるトレーニングとして最適**です。岩を飛び越えるのは、バランスを鍛えるのにもいいでしょう。足を取られたり転んだりしないよう、集中していなければいけません。と同時に、力を抜いた状態を保つ必要もあります。その瞬間に集中する方法としてもぴったりです。トレイルで走る際はたいてい、いつもよりゆっくり走る必要があり、体にもやさしいようです。また、未舗装の道を走るのは、アスファルトやコンクリートの上を走るより体への衝撃が少なく済みます。ほぼ必ずと言っていいほど、トレイルには丘があります。こうした丘では多くの場合、いつもと違った上から見える景色や目覚めるような景観が、ランナーへのご褒美になります。

たとえほんの少しの丘でも、ランニングがまったくの別物になります。すぐに、体がいつもより努力しなければならなくなるのです。非常に過酷なときもあります。**上り坂でのランニングに対する私のアプローチのしかたは、身を委ねることであり、同時に、断固たる決意を持つこと**です。特に大きな坂道の場合、「身を委ねる」と言っても、それは単にあきらめるという意味ではありません。坂は目を背けずに向き合うべき存在だと認めるということです。坂がそこにないふりをしたり、上りきるまで坂と戦い続けたりするより、私はむしろ**坂に敬意を払う**よう努めています。それと**同時に、決意が必要**となります。決意がないと圧倒されてしまいます。そして坂に姿勢を崩され、エネルギーを消耗させられ、ゆっくりと打ち負かされてしまうのです。

坂で有名なビッグ・サー・マラソンに向けて、私は丘の上でトレーニングを重ねていました。そのためレースの有名な坂に辿り着くころには、坂を駆け上がる気満々になっていました。過酷でなかったわけではありませんが、坂への敬意と自分の決意を抱きつつ、私と友達は坂を上りきることができたのです。あのマラソンでは、大きな丘の後にさらにいくつか丘が続きました。最後のいくつかの坂でひるんでしまったという人もいましたが、あの日、私たちはあの坂に対してうまく取り組むことができました。実を言うと、坂のおかげで決意がもっと固くなりました。最後のいくつかの坂を駆け上がっているとき、周りの人たちが声援を送ってくれたのです。

その一方で、緩い下り坂でのランニングでは、滑らかで一定のペースを保てることが多いものです。若干の勢いがあるため、まるで飛んでいるかのように感じます。マラソン仲間のジョン・プラットは、**丘を駆け降りるときは自我をまったく感じない**、と表現していました。多くのランナーが、この滑らかさと自由を感じます。ここで私たちが感じているのは、ガルーダのバランスと自由です。

私はこれまで、過酷な気象条件の中で走った経験がそれなりにあります。ランナーなら選択の余地などありません。いろいろな気候のところへ常に旅しているため、氷点下34度から摂氏46度以上まで、かなり多様な気温の中で走ってきました。いちばんの思い出は、コロラド州にあるマウント・マーガレット・トレイルでのランニングです。

私はそのとき、瞑想と仏教哲学に関する長い講話をちょうど終えたところでした。夕方近かったので、ランニングの時間があるだろうと思いました。数人でマーガレット山まで車を20分走らせ、車から降り、走りはじめました。走りながら、暗い色の大きな雲が北のほうにあるのに気づきました。走っていると雲とずっと近くなり、温度が劇的に下がったと思うと、雨が降りはじめました。戻ろうと決めたときには、巨大な黒い雲がまさにこちらに向かって来て、ひょうが降りはじめ、稲妻が光りはじめてしまいました。ゴールに近づけば近づくほど、稲光も近づいてきます。稲光と雷鳴が同時に起こるようになったとき、かなりまずい状況になったぞ、と思いました。さらにそのとき牛の大群に出会いました。非常に怖がっているようで、モーモーと鳴き声を上げながらあちこちを走り回っています。そのころには雷がそこらじゅうに落ちるようになり、横殴りの雨も降っていました。ひょうが激しく叩きつけてくる中、私たちはものすごい勢いで走り回る放し飼いの牛に囲まれていました。

誰かが、「牛と一緒に走っていてよかった」と言いました。もし雷が落ちるなら、先に牛に落ちるだろうからです。私にしてみればそれはあまり慈悲深い考えには思えませんでしたが、**恐怖と危険が迫るとき、慈悲は多くの場合、最初に失われる**ものです。だからこそ、私たちはそれを安定させるよう瞑想で練習しているのです。このときもっとも不気味だったのは、稲妻と雲がまるで私たちを追いかけているかのようだったことです。トレイルが左へ曲がれば、雲も左へやってきました。私たちは森林のように木が茂った場所を走っていましたが、車に戻るには、大きく開けた牧草地を全力で走り抜けなければなりませんでした。そこで私たちは、すぐにでも雷に打たれそうな牧草地を、まるで身を隠す場所がない戦場で狙われている標的のような思いで、ダッシュして横切りました。

私たちはそのとき、前半よりも後半でスピードを上げる「ネガティブ・スプリット」をしていました。牛はずいぶん長いこと私たちについて来ていましたが、最終的に私たちとは別の道へ行ってしまいました。ひとたび車まで戻ると、雷が目と鼻の先に落ちました。生き延びることができてみんな喜びました。この天候のせいで私たちは、安全地帯の外へと追いやられましたが、そのおかげで、走っている間は非常に集中してその瞬間に存在し、マインドフルだったに違いありません。

Point

- ■トレイル・ランニングは集中力を要する
- ■トレイル・ランニングでは体幹が鍛えられる
- ■過酷な条件での体験は「いま、ここ」に向き合うことになる

31 空のように自然にある明瞭な心

しゃきっとすがすがしいある朝、スコットランドのハイランド地方で私は16キロのランニングを計画していました。ジョン・プラットと私はその冬、トレーニングをたくさん重ねており、二人とも体調は万全でした。その日のランニングは喜びに満ち、それでいて不思議な雰囲気でした。私の心は非常に澄んでおり、完全にその瞬間に存在し続けました。トレイルにある岩一つひとつを目に留め、針のようにとがった松葉に朝露がきらめいている様子にさえ気がつきました。突風が吹き抜けるたびに活気づけられ、リフレッシュできました。足がトレイルを蹴って響き渡る音でさえ、私をその瞬間に連れ戻してくれました。息を吸って吐きだすと、その蒸気が霧をつくり出しました。私は、空と地球につながっているように感じました。心は完全にその環境のあらゆるものと共にそこに存在し、しかしそれでも心は落ち着き、同時に自己を認識してもいました。

そのランニングで、私たちは**動きの中での瞑想を経験**していました。チベットでこれは、「セルワ」（気づきと明瞭さ）として知られています。心が完全にその瞬間に存在していると、心はリラックスして、機敏で、敏感になります。いつもより軽く、クリアに感じます。あらゆるものに気づきますが、何かで気が散漫になることはありません。**自分がどこにいて何をしているかを完全に把握している感覚**です。

通常私たちは自己認識を自意識と考えますが、**自意識は、精神的な広がりが欠如して自分ばかりに注意を払う、よりネガティブな状態**です。内向的または閉鎖的な感覚がするかもしれません。その空間は、「セルワ」ではありません。実のところ、自己を認識してはいるものの、心はクリアでもなければ機敏でもありません。心は当惑した状態にあります。視界や心の領域には限界があるため、正確な決断を下すのは難しくなります。あまりにも自意識が強すぎて、自分が何をしているかを大局的に見られません。プラジュナがない状態なのです。

あの日、ジョンと私が経験した**明確かつ賢明で瞑想的な自己認識は、心が荷物を手放し、その環境の中でリラックスし、感謝していたことから生まれたもの**です。私たちは、世の中の仕組みにおける自分たちの居場所、つまり私たちは環境から切り離された存在ではない、ということを理解していました。紛れもなくまさにここに存在しているので、精神的に他のどこかにいたいなどと思わないのです。ネガティブな考えや空想に邪魔されてもいません。心は完全に、周辺の環境と調和しています。心はこの経験を過去にあった別の状況と比較したり、将来もっと良いものにならないかと願ったりしていないので、退屈でもありません。活気と喜びに満ちたこの状態は、有頂天な状態というわけではありません。むしろ深い満足の感覚です。これはタイガーの満足感、ライオンの歓喜、ガルーダの自由とバランスなのです。

私たちがあの日に経験したことは、パラレルワールドでもなければ、何かでハイになったものでもありません。偶然起こったものでもなければ、気分によるものでもありません。そうではなく、自分の心が持つ自然な性質を感じはじめていたのです。瞑想の実践から自然に得られた副産物です。

ランナーの多くが、このレベルでの明瞭かつ精密な感覚を経験しています。他にもっとうまい表現のしかたがないので、「ランナーズ・ハイ」という名前がつけられています。ランナーズ・ハイは一般的に、エンドルフィンの分泌により身体的に誘発されるものと考えられています。当然、ランニングや他の身体的なアクティビティを行うとエンドルフィンが分泌され、痛みを感じにくくなります。同様に、瞑想の伝統においてさえも、心を落ち着かせるために身体的なエクササイズを活用します。体の動揺やストレスを浄化するという原則で行うものです。動きで体を疲れさせることで、心がもっと取り組みやすい状態になるのです。同様に、仕事の後にしっかりと長距離を走ると体は疲労しますが、直接的・間接的にそのおかげで、心はより心地よく感じ、働きかけやすい状態になります。**身体的に激しい活動と精神的なストレスの解放には、直接的な相関関係がある**のです。

瞑想の間に起こる明瞭さは、単に身体的な活動の結果によるものではありません。むしろ明瞭さは心そのもの、空のようなものです。ストレスや動揺は雲のようなものです。空があまり見えなかったのに、雲の間から突然、空がのぞくと、その明瞭さが例外のように感じられますが、でも私たちはそれが空だとわかっています。それと同じように、瞑想の実践をしていたおかげで、とりとめもない考えや心配ごとという雲の間から突然、空のように自然な状態の心が見えたとき、私たちが目にしているのは、心が生まれながらにして持つ明瞭さ、気づき、喜びです。

この気づきと喜びに親しめば親しむほど、その連続が心の状態になります。同じように、不安や心配の習慣が深く染み込んでしまうと、その連続が心の状態となります。ストレスと明瞭さの違いとは、**明瞭さは生まれ持ってのもので、つくられたものではない**ということです。曇りの日が何日あろうと、雲の向こう側には青く澄み渡った明るい空が広がっているのです。

私たちは母なる自然のようなもので、気が散漫になったり、イライラしたり、怒ったり、ストレスを抱えたりして、天気をつくり出しています。私たちはまた、常に天気を話題にし、天気がどう変わるかについて話している気象予報士のようなものでもあります。いつ嵐が止むかが直感でわかる気象予報士のように、**私たちもまた、天気が良くなれば、心が本来持っている明瞭さと明るさが現れ、美しく晴れた日になるとわかっています。**「美しい」という言葉は、「魅力的でバランスが取れている」という意味です。私たちの心の自然な本質をうまく表現しています。

Point

- **自己の存在を認識することと自意識とは違う**
- **身体的に激しい負荷がかかることで精神的に解放される**
- **明瞭な心は人に自然に備わったもの**

32 自分を正当に評価する

偉大なる瞑想の師の一人、シャーンティデーヴァ（寂天）は次のように語っています。美とは、心が生まれながらにして持つ性質の一つだと。ここで言う**美とは、心がまるで美しい花のように対称であること**です。美のまた別の面には、知識があります。ジョンと走ったあのランニングで、私たちはこの二つの側面を経験していました。それは周囲の景色がとりわけ魅力的でバランスが取れていたからではなく、心が対称であったためです。過度に内向きでも外向きでもなく、またあまりにもたくさんの考えでバランスを崩しているわけでもありませんでした。**心と体のバランスが取れていた**のです。内なる美しさへの気づきのおかげで、私たちは外の美しさを経験することができ、そのため、木や草、でこぼこの岩、そして冷たい突風でさえも、ありがたいと思うことができました。これは、ガルーダの俯瞰した目線です。

経験の中にある美を認識するという行為は、気づきです。「気づき」という言葉は、「何かに関する知識」という意味です。知っておくべきもっとも美しいものとは、**心は自然のままで明瞭であり光り輝いている**ということです。このような「正確な評価」または「最高の知識」は、「プラジュナ」と呼ばれています。プラジュナの気づきと洞察は、瞑想の旅を続けていくにつれますます重要になっていきます。**物ごとのありかたの真理を知っているおかげで、私たちは大きな苦難にも耐えられるようになる**のです。何が真実なのかを知らないために、または心の「基本的な善良さ」を忘れてしまったために、瞑想に挫折してしまうことはよくあります。同様に、ランニングがいかに心と体に良いかを忘れてしまい、挫折してしまうランナーも多くいます。あの日私たちが走っていたとき、私が経験していた気づきと明瞭さは、私にとって意外なものではありませんでした。というのも、あれは心の自然な状態だと私はすでに知っていたからです。そのためその知識の中で力を抜いてリラックスでき、あの経験を抱き続けることができたのでした。

心の自然な状態とは気づきと明瞭さであると知っていることが、瞑想の心構えをランニングやその他のアクティビティに適用する際のカギとなります。この**「最高の知識」こそが、ランニングを、感情の高まりと落ち込みが揺れ続ける連続体から、自己認識の旅へと変革する**のです。

それでは、ガルーダによる正確な評価をランニング・コースで伸ばしていくにはどうすればいいでしょうか？　第一に、**自分がどこにいるのか、そして何をしているの**

かを理解する必要があります。私たちは、意識をボーっとさせる手段としてランニングを使い、身体的な活動から心を遠くへと引き離してしまいがちです。こうなると、心と体は離れればなれになってしまいます。これでは幸せな結婚とは言えません。体は台所に残って洗い物をする一方で、心は居間でテレビを見ているのです。

瞑想の心を適用する際に、心が自己認識の中にリラックスしていくと、マインドフルネスが手を貸してくれます。集中しすぎとしなさすぎの間のちょうど良いバランスになるのです。座った瞑想のように落ち着いた環境とは異なり、屋外でのランニングでは、走っている間に刻々と新しい環境に出会うかもしれません。それに応じ、地形によって、そしてそのときに抱く感覚によって、マインドフルネスの対象は変化するかもしれません。まずは呼吸に、その後足の動きに意識を集中するかもしれません。その後、意識は視界へと動くかもしれません。木、岩、車などに気づきます。瞑想する対象が一つの対象から次の対象へと動くのは、気が散漫になっていることにはなりません。焦点を当てる先を単に変えているだけです。**いましていることに対してじゅうぶんな意識を集中させるのですが、無理に意識することはしない**ようにします。これは、私たちの体が持つ自己認識が空間を動いている、という感じです。視覚的には、**目線はリラックス**させたままにします。意識が常に自分の居場所へと戻ってくる、という感覚があります。これは、批判しすぎることなく、いま自分がしていることに心が集中しているという感覚です。快適なこのバランスの中で、さらに先へと進む自由を手にします。

ガルーダ・フェーズにおいて、瞑想の対象はマインドフルネスそのものです。心が完全にその瞬間に存在し、認識し、気づいているという経験に意識を置くのです。極度に自己に引きこもってしまったり、意識を集中させている先（足が地面を蹴る触覚や、木の前に漂うもやが見えるといった視覚など）に邪魔されたり気が取られたりしてはいません。むしろ、心は満たされてきちんと存在している感覚になります。こうなると、気が散るような考えはほとんど起こりません。心は邪魔されずに、その瞬間に存在します。

ある意味、マインドフルネスを強調することは上級のテクニックです。心を導くために、心のパワーを使うのです。しかしながら、ランニングの間にその瞬間に存在するというのは簡単にも思えます。というのも非常に多くの意味で、**ランニングはマインドフルでいるように私たちに働きかけてくれる**からです。そのため、このマインドフルネスのテクニックは、ランニングで瞑想するランナーにとって自然であり、楽しめるものとなるでしょう。

マインドフルネスを対象として使う場合、瞑想ランナーはマインドフルネスがどんな感じかについて、ある程度は理解し、経験しておく必要があります。まずはこれを瞑想で見つけることになります。瞑想とランニングにおけるマインドフルネスの継続的な気づきを通じて、この実践が、まるで地平線または遠くの星のように、頼れる道先案内になり得ます。そしてそのためランニングの間ずっと、マインドフルにその瞬間に存在し続けられるようになるのです。

焦点を置く先としてマインドフルネスを活用するテクニックは、自分のランニングの環境がしっくりくりと感じられるものか否かに依存します。**座った形での瞑想と同様に、心地よい状態であれば、より簡単に意識を呼吸または観想に戻せる**ものです。常に気が散っているなら、瞑想の深みに達するのは非常に困難になります。同じように、走っている環境が常に不快だと感じるなら、ランニングの心を深いレベルで経験するのは非常に難しくなるでしょう。車、雨、ひょう、風、歩行者などで、常に気が散ってしまうかもしれません。ランニングが終わったら、心は走り出す前よりも興奮状態になっているかもしれません。もっとランニング向きの環境（川の横や静かな通りなど）なら、意識のより深いところに自然と行けるでしょう。

この瞑想におけるカギは、**マインドフルネスが何かを知る**ことです。ひとたび瞑想が心に自信をもたらしてくれれば、それ以降はほぼどんな状況であれ、マインドフルネスを実践できるようになります。たとえ過酷な環境にあっても、一定の平静さを感じられるでしょう。気が散るような外的な要素に脅かされても誘惑されてもいないとき、より深い意識の中、よりマインドフルな心でゆったりと存在し、ほぼどんなところででも自然とリラックスできるようになります。完全にその瞬間に存在するからです。

自分がしっくりとバランスを取れる場所を見つけることで、ランニングの退屈さを軽減できます。ランニング中の退屈は多くの場合、自尊心の欠如や比較のしすぎからくるものです。退屈の度合いで自分がどれだけ関心を持っているかを測ることができ、それは自尊心と直接関係しています。退屈なとき、自分のアクティビティは注意を払うに値しないと考え、そのためにそこまで関心が持てないのです。退屈さは、プライドに関係しているときもあります。たとえば、バスを待つという行為が自分自身よりも下だと考えると、イライラしたり怒ったりしてしまいます。

瞑想の心構えでのランニングでは、**自分の経験は注意を払うに値する**という態度で臨みます。アクティビティに価値があると考えるとき、他の経験と比較しはじめるようなことはありません。アクティビティを過去の記憶や将来の空想と比較しはじめるとき、それはそのアクティビティがもっと良い経験になり得たのにと考えているという意味であり、そのため、そのアクティビティをさらに見下してしまいます。気分良く、いましていること（たとえばジムでのランニングやあまり景色の良くない場所でのランニングなど）に感謝しているとき、自分はそのためにその瞬間に存在することになるため、楽しいうえに有意義なランニングになります。競技ランナーは、野心を燃料とする代わりに、感謝と自尊心を伸ばすといいでしょう。**感謝と自尊心には、私たちをもっと先まで連れて行ってくれる力があります。**

大胆なランニングからの恩恵の一つに、**野望を持たずに走る**というものがあります。ランニングは本質的にゴールすることに突き動かされるスポーツですが、このフェーズのランニングでは、その方向性から自分を解放してあげることができます。このフェーズにおいてゴールを持たないでいられる理由の一つには、自分の健康と能力を生まれながらに信頼しているということがあります。**自分に証明して見せる必要などないのです。**このレベルでは、それはたいした問題ではありません。これまで非常に多くのゴールに到達してきた私たちにとっていま唯一のゴールは、ゴールを持たないことなのです。精神的には、ガルーダ・フェーズは**期待と不安を持たずに走ること**であり、常に追い立てられて走ることではありません。このように走ることで、その瞬間にずっと存在しやすくなります。

野心をいちばんのモチベーションとしてしまうと、バランスを失ってしまいます。自尊心をもってランニングすると、自分と同じレベルでランニングできていない他の人に対して過度に傲慢になりその人たちを見下す、という必要性を完全に消し去ってくれます。このようにしてエネルギーの節約ができるのです。**自尊心があれば、他のアスリートの才能に脅かされることなく、その価値を認めることさえもできる**ようになります。

自分自身のランニングの経験、つまり自分の心がどう感じるかにどんどん親しむにつれ、その瞬間に存在する能力、明瞭でいる能力、理解する能力を深く自分の中に根付かせていきます。自分のランニングの中に、バランスの取れた瞑想的な空間を維持することによって、私たちはリラックスして、自分がしていることを正確に評価できるようになります。これがガルーダの実践なのです。

Point

- **自分を正当に評価することで挫折せず困難を乗り越えられる**
- **感謝と自尊心は成長するうえで野心に勝る**

33 あまりにも遠く

大胆なフェーズでは、過度にやりすぎないように気をつけなければいけません。**ガルーダの秘訣は、その大胆さが地に足がしっかりと着いたものであるということです。**ギリシャ神話のイカロスのように、飛びながら太陽に近づきすぎてしまい、翼を溶かしてはいけないのです。あまりにも遠くへ走りに行ったり、感情的に触れ合えなくなったり、人づき合いができなくなったりというのは、間違いなく障害となり得ます。このようなことをしているときは、地に足が着いていない状態だからです。家族や友達から孤立してしまいかねません。

瞑想においても同様に、自分の頭の中にこもりすぎ、考えに没頭しすぎて孤立しすぎると、エネルギーは変わってしまいます。私たちはこのように極端な心の状態を、「一時的な状態」と呼んでいます。というのもこの状態は、進展しているという幻想に特徴づけられるためです。でも実際は、瞑想による悟りなどではなく、軽い幻覚症状の苦しみを味わっているだけなのです。**私たちはより健康的で、人とかかわることができ、思いやりがあり、その瞬間に存在できるようになるために瞑想をしています。**もしあまり健康的でなくなり、人とのかかわりが減り、思いやりがなくなり、その瞬間にあまり存在しなくなるのであれば、意味がありません。同じように、あまりにもランニングをしすぎてしまったら、クタクタになってしまい、やつれてしまうかもしれません。自分の体を鍛えていたはずだったのに、いまや自分を壊してしまっています。

このような「地に足が着いていない」経験にはさまざまな要因がありますが、**多くの場合、微妙なプライドに起因**しています。自分が有能なランナーだとか、瞑想がうまいと思ってしまうのです。コツを知っているので、基本にあまり注意を払わなくなります。こうなると必ず、このちょっとしたプライドのせいで私たちはゆっくりと脇道へ外れて行ってしまいます。瞑想では、他の人が経験したことのない何かを経験したくなってしまいます。自然に任せて物ごとを経験するのではなく、究極の心の状態をつくり出そうとしてしまうのです。実際には何が起こっているのか知覚できなくなり、本当の意味での瞑想の実践ができなくなってしまいます。**プライドによって孤立し、コミュニケーションがうまくできなくなります。**

この障害を乗り越える方法は、マインドフルネスと気づきの基本的なテクニックを通じ、改めて地に足を着けることです。**瞑想またはランニングの背後にあるモチベーションに、改めて触れてみる**のもいいかもしれません。アドバイスをもらうべく、より経験豊富なランナーや瞑想実践者に会いに行きたいとさえ思うかもしれません。たくさん走ったり瞑想したりするなら、私たちはこうした障害に直面する可能性を、常に心に留めておく必要があります。

マインドフルネスと気づきのおかげで、私たちはランニングの自由と空間を経験できます。現代社会はほとんどが組織化されていますが、ランニングはこうした義務の一つである必要はありません。特にガルーダ・フェーズにいる私たちは、これまで多くのゴールに到達してきました。そのため、これ以上のゴールを持つことは、ただ物ごとを複雑にするだけです。**いまこそ、リラックス**するときなのです。**私たちが走るのは単に、走ることが好きだから**であって、長距離だからとか、インターバルをやっているからだとか、ランニングが唯一の野望だからというわけではありません。私たちがランニングするのは、夏が来て大喜びする子どもたちのように、気分が良いからなのです。

たとえあなたが上級ランナーで瞑想の達人だったとしても、ガルーダは、タイガーとライオンの気質のおかげで地に足が着いた状態でいられるということを忘れないでください。**長くて冒険的なランニングをする際に、マインドフルネスと気づきの両方、そして内観と意識の両方に向けた注意力を、最後まで維持する**よう心がけてみてください。これまで走ったことのない新しい場所で自分に挑戦しているときでさえ、意識を集中し、気づき、リラックスするのが、基本的なアプローチのしかたです。もしかしたら、知らない地域なので若干の不安を感じるかもしれません。当然ながら気をつけてください。危険になり得るランニングをしてはいけません。自分にとっての挑戦となるようにしましょう。同時に、鳥の目線での俯瞰を維持するようにして、状況を正確に評価できるよう、マインドフルネスと気づきを組み合わせましょう。ただし、あまりにも遠くへは行かずに、です。

Point

- **プライドにとらわれず、地に足の着いた大胆さを持つ**
- **過度にやりすぎそうなときは瞑想やランニングの本来の目的を思い出す**
- **挑戦は自分にとっての挑戦であることを忘れない**

Lesson

ガルーダの瞑想

他者への愛で自由になる

ガルーダ・フェーズでは、**他の人を取り込むべく心を広げます。**幸せとは、家族や友達との間における愛と思いやりの経験です。**愛の思いは、もっともパワフルな感情**です。両親の愛が私たちをここに至らしめ、とりわけ母の愛のおかげで私たちは生き延びられます。一人の人間から別の人間へ向けた愛のおかげで、私たちはコミュニケーションでき、成長できます。**愛が少し緩和されたものが思いやり**です。愛や思いやりを他の人に対して表現するのは、他の人のためになり、私たち自身の幸せにも根を下ろします。この愛と思いやりは、人間の心が本来持っているものです。ほとんどの人は思いがけない瞬間にふと経験するものですが、育むこともできるものです。ガルーダの自由と同様に、測定することはできず、限界もありません。

愛と思いやりについての瞑想は、あなたが愛している人を思い浮かべることからはじめます。その人物を考えるとき、思いやり、愛おしい気持ち、愛といった感情が湧いてきます。愛は他の人の幸せを願うときに大きくなります。深い感情の噴出というわけではないかもしれません。しかし、他の人を幸せにするにはどうすればいいだろうかと考えるとき、この利他的な瞬間によって、これまで心の中で自分に当てていたスポットライトが外され、他の人を照らし出すようになります。ひとたびこの感覚を目覚めさせたら、それを抱き続けましょう。自分勝手なところを克服できる可能性もあるため、この練習は非常にパワフルです。そして皮肉なことですが、**他の人を愛し、気にかける感情は、自分自身を幸せにするいちばんの方法**でもあります。

これまで何世紀にもわたって、瞑想実践者たちは**不幸、苦しみ、ストレスの根源が本質的に、自分勝手さにある**ということを突き止めてきました。この観想を行う際も、当然ながら自分自身を引き続き大切にしますが、しかし私たちの態度は、これまでの「私が幸せになれるものは何だろうか?」という疑問を持ちながら世界を見るものから、変化しています。外的な状況が幸せをもたらしてくれると期待するとき、私たちは、次から次へとやってくる落胆に自らを向かわせてしまうことになります。ガルーダは、このような習慣や狭量な心の遥か上を羽ばたくのです。

ガルーダの段階における観想は、主に他の人たちの幸せを強く願うことです。姿勢を正して心を落ち着かせたら、愛と思いやりに焦点を合わせます。まず、友達と家族のことを考え、心からの愛と思いやりをその人たちに向けて送ります。次に、この無限の思いが、少し距離のある友達や知り合いへも届いている様子を思い描きます。そして知らない人たちへも広げていきます。これを行っていると、愛は無限に広げられるものであることがわかります。実践していくにつれ、心は実際に大きく成長していきます。そしていまこそ、敵や、自分にとって受け入れがたいその他の相手にも、愛と思いやりを広げていきましょう。このようにして、心が本来持つ受け入れる能力をトレーニングしていきます。

慈悲の観想は、苦しんでいる誰かを思い浮かべることで行います。すぐに同情の念が湧いてきます。この人が感じている不快さや痛みがなくなるよう願います。この思いが、慈悲です。この観想では、慈悲に慣れ親しみ、それを成長させ、その中で自分を訓練します。このようにして、慈悲深い態度がより自然なものとなっていきます。

愛と慈悲について観想する利点は、こうした美徳を生活の中でより簡単に表現できるようになることです。これらの観想は、心をより強く、回復力のあるものにする方法として、また自分自身を幸せにする方法として、非常にパワフルです。このおかげで心はより多くのことを受け入れられるようになり、心の構造がより強くなります。そのため心は、日常の活動からストレスを受けにくくなり、負担も感じにくくなるのです。

愛と慈悲は、心を使って発揮する必要がある要素です。不親切や怒りを発揮していたら、不親切や怒りばかりが上達してしまいます。この状態では、イライラからはじまり、軽視、悪意へと至ってしまいます。このような感情は気分の良いものではありません。心に重くのしかかり、消耗しきった感じになり、もしそこまでではないにしても、疲れ果ててしまうでしょう。愛と慈悲での観想は、自分の心と体の健やかさだけを考える状態を超え、それとは別の方向へと心が向かうようトレーニングするものです。

Chapter 5

ドラゴン

自我を見つめる

34 言葉を超えた深遠な経験

ランニングと瞑想にはどちらも、言葉では表現できない密かで謎めいた雰囲気があります。**ドラゴンは、言葉では説明し尽くせず、ただ経験するしかない、深遠な目的の感覚を体現**します。このフェーズでは、深くパワフルなテーマで観想します。そのテーマとは、個人が胸に秘めるもの（考え、感情、洞察）で、あまりにも私的なため正確に表現したり、他者が理解したりはできないものです。この密かな内なる層が、人間という生き物に深みを与えてくれます。

ドラゴン・フェーズは、私たちの存在が持つ寛容性が本当に輝きはじめる場所です。ランニングと瞑想を通じて心と体を鍛えたことで、私たちは強く、やさしく、思いやり溢れる人物になりました。そしていま、**個人と社会の道が交わる交差点にまで到達**したのです。私たちのランニングも瞑想も、大きな変容を遂げました。単に個人的な利益のためにこれらのアクティビティを行うことはもはやありません。ランニングと瞑想というこの孤独な努力を、他の人のためとなるよう活用します。自分のランニングが、世界に恩恵をもたらすツールとなるのです。

他の人のために自分のアクティビティを活用しようという意図は、まるでドラゴンそのもののように捉えにくく、謎めいています。しかし**いまここに存在する勇気があるとき、私たちには世界を変えるパワーがある**のだということを、走る瞑想実践者として私たちは知っています。ドラゴンは、マインドフルネス、きびきびとした活発さ、そしてバランスという、タイガー、ライオン、ガルーダで学んできた全レッスンを体現します。そのためドラゴンは、偶然の一致として、そして幸先のいいものとして姿を現します。謎めいて神秘的な**ドラゴンは、人間の心が持つ、表現できないほどのパワーや、輝き、深遠さを表す象徴**です。このフェーズにおいて、走る瞑想実践者はドラゴンのこの力強さを受け入れるようになります。

シャンバラの伝統によると、ドラゴンは、戦士の心が概念を超えた智慧へと進むその瞬間を認識します。完全なる体現と超越という比類ない感覚が起こるとき、私たちはそれを天と地の融合と呼んでいます。個人的にも社会的にも誠実でいるという深い感覚です。皮肉にも、このように**言葉で表現できないものに触れることで、私たちは他者とまるで魔法のようにつながります**。

ドラゴンは、このパラドックスを象徴しています。ドラゴンは地上に住んでいると言われていますが、空高く雲間まで飛ぶこともあり、動いたり、移動したり、そっとのぞき込んだりしたと思ったら、もこもことした白い雲の後ろへとすぐに消えてしまいます。

西洋では、ドラゴンは聖人である聖ゲオルギウスが退治した生き物で、危険を表すこともあります。東洋では、そのパワーと不思議な力、そして縁起の良さから、非常に崇められています。チベットで、神秘的なこの生き物を見たという人のさまざまな話を私は耳にしたことがあります。インドと中国の間に位置するブータン王国は、チベット語で「ドゥルックユル」、つまり「ドラゴンの土地」と呼ばれています。中国では、ドラゴンは智慧を象徴する究極のシンボルです。パワーと博愛を特徴とした天国の原理を表す皇帝の印として使われていました。皇帝が賢明に統治すれば、天国と地上が融合し、平和と繁栄が支配します。ドラゴンはそのため、深遠で計り知れないものとして知られているのです。

ランナーおよび瞑想実践者にとって、ドラゴンは神秘的なフェーズを表します。このフェーズでは、**自分の深いところで密かに抱いている願いや望みとつながるための洞察を深めていきます**。ここで行う観想的なランニングは、単に白昼夢や空想にふけったり、精神的なストレスを発散したりするものではありません。それよりもむしろ、有益な考えに心を持っていきます。ドラゴンのランニングでは、私たちの人生にずっと存在する重要なテーマとつながることに焦点を当てます。自分で選んだ考えに焦点を当てていくことで、ドラゴンのランニングは瞑想となります。**もっとも有益な考えとは、慈悲、他者への思いやり、自分以外のことを考える、というもの**です。ここに焦点を当てるのは、ランナーにとって難しい可能性もあります。というのも、ランニングは非常に個人的なスポーツだからです。また、過度に自分ばかりに没頭してしまうものでもありえます。でも焦点を当てるのに適した有益な考えは他にもあります。たとえば、人生の何かを変えようと決意した場合、ランニングをしながらの観想が、その変化を起こす方法を考える役に立つかもしれません。

体を動かしながら、重要な考えを思い浮かべて観想するのは、アクティビティとして非常に相性の良いものです。間違いをしてしまったとか、誰かに謝らなければいけないなどに気づくかもしれません。自分の人生が向かっている方向について観想するかもしれません。人生で変えたい側面についてじっくりと考えるかもしれません。自分の望みや夢を吟味するかもしれません。たとえば、自分が達成したいものに向かって走っている姿が浮かぶかもしれません。

瞑想の古い経典では、**賢くあることと愚かでいることの違いは、自分が何者であるかはあまり関係なく、自分が手にしているものをいかにして活用するか否か**である、としています。賢い人たちには想像力があります。何が起ころうとも、そこに可能性を見いだせるのです。同じ状況になったとき、愚者は想像力がないため、そこには可能性がありません。このちょっとした智慧が、ランニングや瞑想、そして人生全般に役立つと私は感じています。

現実では、私たちはときに愚かでもあり、ときに賢くもあります。人生が困難に直面してもそれを活用できるとき、私たちは賢い存在です。圧倒されてしまい、可能性がまったく見えないとき、私たちは愚かになっています。

瞑想の際に賢いと、一つひとつの瞬間を新鮮なままに保てます。しかしひとたび想像力を失ってしまうと、無気力の矢に撃たれてしまいます。同様に、ランニングにおいて想像力を失ってしまうと、怠惰の矢に撃たれてしまいます。

究極的には、**人生とは、自分の目の前にあるものをいかにして活用するかを知る能力を伸ばすプロセス**です。心と可能性は無限です。そのため、不可能なものもあるとの見かたに屈服してしまうと、そこにはたった一つの可能性しかないとの考えに屈したことになります。

想像力が豊かであるということを、攻撃的であることと間違えてはいけません。ただ押し進めるという意味ではないのです。いま起こっていることを、３６０度のパノラマの視点から見ることができるということです。攻撃的というのは一方で、現実の一面だけを強引に通している状態です。

人生という長い旅において、私たちは常にさまざまな状況に直面します。この観点から、私たちは毎日のランニングと、そこで求められる想像力に目を向ける必要があります。たとえケガをしていたとしても、エクササイズする他の方法を見つけるべく想像力を働かさなければいけません。同様に、瞑想をしているとき、マインドフルでいるさまざまな方法を見つけなくてはいけません。スケジュールが忙しくても、心をトレーニングする方法を探さなければいけません。これがドラゴンの本質です。人生の可能性を見いだせるということです。

たとえランニングの最中であれ、数分間の瞑想をする居心地のいい場所を見つけるのは、エクササイズという点から身体的に役に立ちますし、何が重要なのかを明確にするという点から精神的にも役に立ちます。ランニングから得られる自信はまた、人に謝ったり、転職したりする勇気を与えてくれるかもしれませんし、個人の品格を損なうような習慣を自分が持っていることに気づかせてくれるかもしれません。このような習慣がいかにして愛着、恐れ、そして自分のことばかりに没頭する執着に根付いているのかを、理解できるようになるかもしれません。

ドラゴン・フェーズでは、これまでよりもゆっくりしたペースで走るといいかもしれません。これにより、**深く考えたい自分の内なる感情や考え、洞察を見つめやすくなるから**です。そのため、人里離れたトレイルを孤独に走ったり、一人で走るため非常に早起きしたりする必要があるかもしれません。ドラゴン・ランニングとして走るときの私のお気に入りコースの一つに、コロラド州にある15キロ弱の周回ルートがあります。コースの途中で小さな湖を通り過ぎるのですが、その湖の先には牧草地が開けています。牧草地のへりの先には谷が広がっており、壮大な眺めが楽しめます。

ドラゴンはしばしば、縁起と関連づけられます。私はある日、あの秘密のドラゴン・ランニング・スポットへ行こうと思い立ちました。自分の人生で起こしたいいくつかの変化について観想していました。チベットの伝統で私たちはよく、〈兆候《サイン》〉を見つけようとします。たとえば、果物が入ったボウルを見たら、何かポジティブなことが起こることを意味します。また、折れた枝を見たら、何かしらネガティブなことを表しているかもしれません。その日、湖の先にある牧草地に到着したら、白い馬が一頭いました。この場所で馬を見たことはそれまで一度もありませんでしたが、そこには馬が佇み、私を見つめていました。馬は円を描くように走りはじめ、私は思わず息をのんでしまいました。その後、瞑想をしながら目線を下ろして谷底を見つめていると、あの馬がそこに立ち、私を見つめ返しているのに気づきました。私はこれを、ポジティブな兆候と受け取りました。

縁起は迷信のように聞こえるかもしれません。しかしながら、知っているか否かによらず、私たちはこの世に生き、常に縁起と対話をしています。まったくの自分本位でいるのではなく、世界の真価をもっと理解し、そこで起こっていることをもっと注意深く観察するよう学んだとき、こうした兆候を見はじめるようになります。


このフェーズでは、**自分が観想している内容を誰にも言う必要はありません**。人生には、共有する側面もあれば、自分だけにとどめておく側面もあるのです。このレベルの神秘は、私たちの存在にバランスをもたらします。私たちについてみんながすべてを知っていたら、威厳や神秘さが失われてしまいます。しかしあまりにも秘密主義になってしまうと、ある程度の近づきやすさが失われてしまいます。

というわけで、ドラゴンはランニングのためになるばかりでなく、人生や世界のためにもなります。智慧とインスピレーション、謎めいた不可解さを与えてくれるのです。

Point

■他者とは共有しない自分の内なるものを見つめる

■内なるものを見つめることで結果として他者とつながる

■賢者の人生とは目の前のものを活用する能力を伸ばすこと

35 呼吸は人生

ランニングと瞑想のいずれにおいても、呼吸のプロセスと深く親しむことになります。初めのうちは、呼吸を見つけるのも、それを維持するのも難しいものです。呼吸のテクニックに圧倒されてしまうと感じるかもしれません。しかしながら腕のいいシェフのように、進歩するにつれて、細やかなところがわかる達人となっていきます。マインドフルでいながらうまく呼吸できるようになり、呼吸と同調できるようになると、呼吸の感覚を味わえるようになるのです。呼吸はもはや急激に体に入ってきてはものすごい勢いで出ていく単なる空気ではありません。いまや、そこには質感があります。ある日は荒々しく少しざらついているか、激しい感じがします。また別の日は、まるで湧き水か絹のようにスムーズで、滑らかに入っては出ていきます。呼吸は甘く、おいしく、そしてうっとりするようで、それでいてときには苦く厳しいものです。あるときはやさしく、ほとんど存在すらわかりません。

こうした質感はすべて、自分の感情や食べ物、誰に会うか、その日の調子といった、さまざまな条件によるものです。**呼吸は人生そのもの**であるため、コミュニケーションするためのものすごいパワーがあります。瞑想とマインドフルネスは、呼吸の質の輪郭を描くのに必要な細やかさを私たちに与えてくれます。そういう意味で、呼吸に向けての瞑想は、心と人生を映し出す鏡のようなものなのです。

呼吸と一体となるその瞬間を通じて、私たちは自分の人生をいかにして生きていくかを学びます。その**質感がどのようであるかによらず、呼吸には感謝すべき**です。荒々しい呼吸やざらざらした呼吸は、いま自分が疲れていて働きすぎだということを反映しているかもしれません。もしくは、人生に葛藤や障害があるのを映し出しているのかもしれません。自分の振る舞いが原因になっている可能性もあります。同様に、瞑想のテクニックをあまりにも強引に適用しているなら、息は阻害されてしまうかもしれません。そのため、もっとやさしくしてあげなければいけません。もっとやさしい呼吸とは、調和やリラックスした感じ、その他のポジティブな感情を示すものかもしれません。

相対的に言って、瞑想するとリラックスしたり落ち着いたりでき、そこからもたらされる何かに気づく機会を得られます。それは呼吸に関係しているかもしれませんし、もっと大きな人生の問題に関係しているかもしれません。もし不安が生じたら、それは呼吸を急ぎすぎており、吸い込むことに意識を集中させすぎていることの表れかもしれません。集中できずぼんやりしてしまうなら、それは呼吸に対してあまりにも無頓着で、吐く息ばかりを重視しすぎているということかもしれません。瞑想実践者として、私たちは順応することを学びます。**心が無数の考えに埋め尽くされてしまうとき、それは瞑想から生じたものではなく、人生から生じたもの**です。それに対する自分の反応（たとえば罪悪感や怒りなど）は、人生の特定の面についてもっと注意深く分析するよう指し示してくれているのかもしれません。このようにして、呼吸は生きることの指南となってくれる可能性があります。

一般的に、**呼吸の瞑想には二つの取り組みかたがあります。一つは、比較的穏やかかつ一貫性のあるもので、もう一つは、荒々しいものです。**体をあまり動かさない、座った姿勢で行うタイプのさまざまな瞑想において、穏やかな呼吸は本来的な自然なものです。荒い呼吸での瞑想は激しい運動に似ており、座った瞑想と比べてもっとコントロールが必要となります。この点において、**ランニングは一般的に、荒い呼吸に取り組むもの**です。荒い呼吸もしくは強引な呼吸を活用するとき、心は刺激されて、注意力が散漫になってしまいがちです。そのため荒い呼吸での瞑想は、盤石なマインドフルネスを実践できる者だけが行えるものです。

同時にランニングはまた、**穏やかな呼吸を促すことも可能**で、これにより深いレベルの観想ができるようになります。概して、ランニング中に激しく呼吸すると思考過程を刺激しますが、心を疲弊させてしまう可能性もあります。

私がチベットを訪れたとき、呼吸に関して強烈な経験をしました。チベットには何週間も滞在していましたが、ランニングする機会はなかなか持てませんでした。宗教的指導者という立場のせいで、思いきって僧院の外に出ようというときは必ず、複数の僧侶がチベット・ホルンを吹き、そして線香を手にした僧侶が私を先導してくれるのでした。チベットで非常によく見られる行列です。滞在中、私はさまざまな式典を執り行いました。病人を清め、子どもを祝福し、学校を開校しました。他には、何千人という人々を祝福することを含む、複雑な儀式からなる式典も何度か行いました。こうした儀式は終日かかることが多く、そのための準備でさえも何時間も要します。そのため、あまり時間がなかったのです。フォーマルな環境の中で常に人に囲まれて忙しいスケジュールをこなすなか、外へ走りに行くことはできませんでした。

ある朝、実際にチベットで走れるのだろうかと試したくて、早くに起き出しました。しかしランニングをはじめる前に、いくつかの問題がありました。まずは、僧院を抜け出して、自分の姿を誰にも見られずにすむ人目につかない場所を見つけることでした。次に、チベットの民族衣装から、もっとランニングに適した服装に着替える必要がありました。何よりも、私はこの標高でそもそも走れるのでしょうか？　谷底でさえも海抜4000メートルあります。

その旅に同行していた数少ないランナーの一人、テッド・ローズに一緒に来てくれるよう頼みました。ジープで僧院を後にしてしばらく運転すると、人里離れた二つの村の間に伸びる広い場所を見つけました。高僧が着るローブを脱いでランニング・ウェアに着替えると、テッドと一緒に谷を下りはじめました。あれほどの儀式が続いた後で、やっと走りに出られたことをうれしく思いました。世界の屋根を走ることは、本当に名誉だと感じたと同時に衝撃でもありました。ヤク〔訳注：チベット高山の野牛〕が草を食んでいる横を通り過ぎ、息をのむほどの景色を味わいました。そこで突然、奇妙な感覚に襲われました。特に息切れしているわけではなかったのですが、その瞬間、体の酸素が足りなくなってきているのだと気づきました。ジープへ戻ることに決め、ゆっくりと動くようにしました。ジープで着替え、僧院へと戻りました。

あの標高で走っていたとき、私は酸素欠乏を経験したのでした。その日の午後は、とても疲れてしまいました。実のところ、寝なくてはいられないほどでした。しかしたっぷり休息した後は、気分が良くなりました。呼吸の大切さ、そして私たちがどのように呼吸とかかわっているかについて、身をもって経験しました。吸い込むのがチベットの澄んだ空気であれ、インドのジャングルでの朝の空気であれ、**自分が人生をどう経験するかにおいて呼吸は極めて重要**な役割を果たします。ランニングと瞑想を通じて、私たちはこのもっとも貴重な贈り物を感謝しながら味わうことができるのです。

Point

■ 人生をどう送るかを呼吸が左右する
■ ランニングも瞑想も呼吸に向き合う取り組み
■ 瞑想での呼吸には、荒い呼吸と、穏やかな呼吸、2種類のアプローチがある

36 心とは何か？

欧米では、心（マインド）について話すとき、脳と同義と考えて頭を指さします。しかしチベットやその他の瞑想文化においては、心について聞かれると、手を胸の心臓のあたりに置くことが多いのです。実のところ、**心が一体どこにあるのか、知っている人は誰もいません**。ドラゴンと同じように、捉えどころがないのです。

東洋であれ西洋であれ、**心に関する私たちの経験は一般的に、非常に個人的で親密なもの**です。その時どきに自分がどう感じるか、もしくは何を思うかなのです。心は私たちの個人的な記憶と考えの集まりです。英語という言語は、心を描写する場合はいささか限定的です。「mind」（心）、「consciousness」（意識）、「intellect」（思考力）といった言葉を使いますが、サンスクリット語やチベット語など瞑想文化の言語では、数えきれないほどの名前が心を表現するのに使われています。

チベット語で「セム」は、主観と客観に基づく認知に関する心を指す言葉です。また、「ロ」という言葉もあり、これは理解するという思考力を意味します。さらに、「イ」という言葉もあり、これもまた従来的な認知に関する心の意味に使われます。「リクパ」という言葉は、「気づき」を意味します。この気づきには、二つの意味があります。一般的な気づきと、もう一つは「智慧」という言葉に関係している、非概念的な気づきです。さらに、意識を意味する「ナムシ」という言葉もあります。意識には八つの異なる階層があると言われています。他にもさまざまな言葉を使って、悟った心、超越した心、超越した思考力を表します。

これらの描写は二つに分類できます。**一つは、主観と客観という従来通りの心**です。家を見たときに「家だ」と思うものです。これは、二元論的な心です。**超越した心とは、主観と客観を超越しており、混乱と二元論を超越しています。**ときに「透き通って明るい心」、「聡明」、「智慧」、「覚醒」などと呼ばれます。

従来的な心には特徴があると言われており、そこには明瞭さと認識力という特徴も含まれています。人間が骨と肉からできており、木は木質部分からできているなら、従来的な心の構造はそれぞれ、骨や肉の明瞭さと認識力、または木質部分の明瞭さと認識力だと言われています。瞑想の実践を通じて、私たちは明瞭さと認識力を経験するようになります。**明瞭さと認識力が高まっていくと、それらは次に、私たちを超越した存在へといざなってくれる**のです。

ひとたびこれに気づけば、ランニング、旅行、友達や家族とのつき合い、食事など、あらゆるアクティビティで、この覚醒した心を経験できるようになります。ときに心は荒々しくなるときもあり、私たちはそれを、高揚や落ち込みなどの激しい感情として経験します。しかし「基本的な善良さ」は、誰の内側にも常に存在しています。**瞑想そして瞑想で自分が何をしているのか認識することを通じて、自分と他の人の中にあるこの覚醒した心を見つけ出す**ことができるのです。

Point

■ **心には二元論的に物ごとを判断する心と、二元論を超越した心がある**

■ **瞑想で明瞭さと認識能力を高めることでいずれ超越した存在になれる**

37 意志の力

私はよく、なぜ走るのかと聞かれます。これを聞くのはほとんどがランナーではない人なのですが、なぜ聞きたいかは理解できます。私のような立場の人間が、ランニングのようなスポーツになぜ取り組むのかがわからないと思う人はいるものです。

多くのランナーと同様に、私は健康のため、そして喜びを味わうために走っています。ランニングは、飛ぶことに似ています。地上の空間を移動しており、そこには自由と気軽さがあるのです。**自然とつながり、新鮮な空気を吸うための最高の方法**だと思います。

私が走る理由にはもっと深い意味もあり、それは私の意志と関係しています。純粋な意志があれば、どんなアクティビティでも精神的な道に取り入れることができると私は考えています。ランニングにおける私の意志は、他の人のためになることです。そのためランニングは、私の精神的な旅の続きなのです。

自分が受け継いだ豊かな宗教的伝統について私は何年も観想してきましたが、そこから、心の力を実証する意志が持つ潜在力を学びました。パワフルな心があれば、他者の幸せのためにランニングしようと意志を固めれば、そのようにできます。逆に、完全に自分勝手な追求のために瞑想をすれば、まさにそのとおりになるでしょう。どちらのアクティビティにおいても、**結果が平凡なものとなるか抜きん出たものとなるかを決めるのは、自分自身の**意志なのです。

ドラゴンの力は意志の強さです。**何物にも抑制されていない強力な意志があれば、いかなるアクティビティにも善良さや恩恵をもたらすことができる**と、ドラゴンは理解しています。これはつまり、ランニングもパワフルな意志を育てるツールとなりえるということです。他の人のために走るという意志を持つと、意識の構造を変化させます。このように気高く広大な意志は、心と体を強くしてくれます。私たちの存在に個性を与えてくれます。ランニングはもはや、ただ健康を維持することや完走することに重点を置いたものではありません。むしろ、世界中の人のためとなるように自分の意志を積極的にトレーニングするプロセスとなります。

そのような意志を持つことで、ランニングには品格が加わります。私たちはもはや、田舎のトレイルや都会の道路を走っているたった一人のランナーではありません。心と体はもっと先へと広がり、地球規模にさえ拡大しています。一度のランニングで、生きとし生けるものについて観想し、いかにして宇宙の力になれるかを観想するのです。

このように観想するとき、「たった一人に何ができるんだろう?」などと不思議に思い、考えに縛りつけられてはいけません。**特定の結果について心配するのではなく、自分の意志を発展させることに焦点を当てる**必要があります。現実として、世界を救った発想のほとんどが、意志から生じたものでした。ブッダは木の下に座りました。イエスは荒野の中を歩きました。道教の賢者である老子は森の中で座りました。この人たちはすべて、自らの意志を発展させるパワフルな方法を持っていました。その意志を通じて、彼らは世界に手を差し伸べることができたのです。

私たちも、一人ぼっちでの孤独なアクティビティを、世界を救う意志を強化するための活力に満ちたひとときへと変えることができます。ランニングを通じてのこのような意志の強化は、喜びに満ちた、解放感溢れるエクササイズになるかもしれません。私たちは自然ともっと強くなり、他の人をもっと助けることができるようになります。そのうえ、そのような強い意志の後には間違いなく、アイデアとインスピレーションも続いて湧いてくるでしょう。

ランニングをどう使うかは私たち次第です。しかし**私たちは人間として、意志と呼ばれる素晴らしい秘密を持っている**ということを知っておくべきなのです。

Point

■ 意志次第でいかなるアクティビティも精神の修行になる

■ 強い意志があればどんなアクティビティも善良なものとなる

■ 結果を心配するよりも、意志を持つことに焦点を当てる

Lesson

ドラゴンの瞑想

自我を捨て、自分を乗り超える

ドラゴンでは、**無我でいること、そして自己の制約を超越することについて観想**します。自我がかかわると、判断を誤ります。他の人がどう感じているかを考慮できなくなってしまいます。この観想では、自分の思い通りにしない方法を見つけます。常に言えるとても大切なことですが、これは、自分は重要ではないとみなすものではなく、自分を過小評価するものでもありません。どうすればもう少し無私無欲になれるかについて観想すると、心の中に家族や友達のスペースをもっとつくることができます。これは深い瞑想で、そこではいかにこれまで常に自分を優先してきたか、そしてその結果、多くの状況を台なしにしてきたかについて熟考します。どうすれば、もう少し無私無欲になれるのでしょうか？

スポーツを通じて、私たちは自意識過剰になってしまう可能性があります。この観想ではその傾向を手放します。ついていない日だったと思うときはたいてい、打撃を受けているのは自我です。もし自我が小さければ、叩きのめされるものも小さくて済みます。ということで、ここでは自分という存在は自分の家ではなく、仕事でもなく、服でもないと観想します。もっと言うと、必ずしも自分の体でもなければ、自分の健康でさえもありません。このようにして、謙虚さと柔軟さを伸ばしていきます。

ドラゴンの観想を定期的に実践していくと、**自己は本質的に幻想だと気づく**ようになります。この蜃気楼のような自己は、常に位置を変え、形を変えていますが、実際にそこにあることは決してありません。ドラゴンの瞑想実践者は、減らすべき自我はそこには存在しないという、深遠な発見をします。**もともと持っていないものを失くすことなどできない**のです。

この瞑想はそのため、多くの場合に二つの段階を経て起こります。最初の段階では、いかに自己中心的でなくなれるかを熟考します。次に、最初のものよりも深い観想で、自己とは幻想であるということをじっくりと見つめます。

Chapter 6

風の馬(ルンタ)
そして世界のために

38 思いやりの会話

私はバーモント州の緑の丘にいました。ノースイースト・キングダムにあるシャンバラの施設「カーマ・チョーリング」で毎年教えているためです。まるで絵のように美しいなだらかに起伏する丘陵が広がり、点々と牛がいるなか、ときおり犬が姿を見せました。講義、インタビュー、会議ばかりの一日を終えた後、自分の体と向き合いたいと強く思いました。「今日の締めくくりとして、しっかりとした長距離ラン以外にぴったりなものが他にあるだろうか?」と考えました。

その日の私の付き添いは、ニック・トラウツでした。物静かでやさしく、非常に壮健な青年で、かつてはプロのクロスカントリー・スキー選手でした。私とのランニングのためのトレーニングはあまりしないんだね、と私はいつもニックをからかっていました。ニックはスキーをしていたころに鍛えた体力にほぼ頼っているように私には思えたのでした。トロント・ウォーターフロント・マラソンに一緒に参加したとき、ニックがトレーニングをはじめたのは大会のわずか10日前でした。レース後は間違いなく痛みに苦しんでいましたが、それでもニックは完走しました。

一緒に走るときはたいてい、私たちはあまり会話をしません。しかしこの日のランニングでは、午後のバーモントの丘をゆるゆると走りながら、「会話道」と呼ぶにふさわしいものを楽しみました。私たちは単に、一緒にいることそのものを楽しんだのです。その会話には、とりたててテーマがあったわけではなく、特に論点があったわけでもありませんでした。私たちはむしろ、会話を使って友情を表現したのでした。

お互いリラックスして、ときには話をし、ときには冗談を言い、感情や洞察を共有しました。ときには、私がニックにスキーはどうかと尋ね、ニックが私に旅や講義はどうかと尋ねました。また別のときには、沈黙がありました。気まずさはなく、特に話す必要もありませんでした。話をしていないときは、走るペースが上がりました。同時に、私たちはランニングに対する目的意識をずっと維持し続けました。その日は結局、32キロ走りました。終わったとき、いかにこのランニングが自然で楽に感じたかについてお互い口にしました。ニックは、これまでのランニングの中でも指折りの楽しさだったと言い、私も同じように感じました。

ランニングは、くつろいだり、友達と一緒に過ごしたりできる時間です。**会話はランニングという経験において自然であり、なくてはならないもの**です。人生の重要なテーマを話すこともできるし、単に天気について、または自分のランニングがどんな調子かについて話すこともできます。**会話は、ランニングを孤独なスポーツから社会的なスポーツへと変化させます。**もっと言うと、会話は人間社会になくてはならないものです。

会話は、議論をするとか、テーマを提起することとは違います。それより、生得《せいとく》的な人間性の表現なのです。**私たちが話す言葉は、喜び、思いやり、そして愛が奏でる音**なのです。この点からすれば、話す内容が何であるかはあまり重要ではありません。実のところ、話のポイントがある必要さえもないのです。

会話とランニングを組み合わせると、人は自分の感情にもっと素直になるようです。それはもしかしたら、体を動かしているからかもしれません。腕や脚を振り、そして特に息を吸って吐いていると、概念で凝り固まった心や社会に向けてつくっている人格《ペルソナ》がリラックスしてきます。もっと自由に、活発な表現ができるようになるのです。おまけに、ランニングしているときはいつもより嘘をつきにくくなるようです。嘘をつくにしても、より大きな労力が必要となります。これはすべて、常に呼吸していることに起因しています。**呼吸は何らかの自白剤**のようなものです。自分が何を感じているか、何をしているかを正直に表現してしまうのです。

ランニングしているときに会話をすると多くの場合、感受性が高まります。流れるようにアイデアや考えを自由に交換できます。実際のところ、正しく活用すればランニング中の会話は脳を刺激し、これまでは理解できなかったかもしれないテーマを理解するのに役立ちます。長距離ウォーキングは作家の創造力を掻き立てると知られています。おそらくランナーにとっても、長距離ランは同じ効果があるでしょう。深い観想ができる時間ではないかもしれませんが、これまでわからなかった智慧を理解する助けになってくれるかもしれません。ニックとのランニングでは、話している間にニックは頻繁に、「あぁ、いままで気づきませんでした」と口にしていました。

他の人とコミュニケーションすることで、会話は、頭に浮かんだことを口にするという行為から、会話道へと変わります。**会話道とは、単にランニング中に一人がひっきりなしに話し続けるものではなく、感情、考え、アイデアが調和した流れ**なのです。会話が、風の馬のランニング（273頁「風の馬（ルンタ）になる」の項参照）の一部になり得るのはそのためです。会話は主題についての意見を交わし合ったり、空間を言葉で埋め尽くしたりする行為とは対照的に、コミュニケーションです。古い格言にあるように、ランナーの脚よりも多くエクササイズするのはランナーの口なのです。

この点からすると、会話をする必要は必ずしもありません。沈黙が適切なときもあります。**休むべきときを知っているのは、トレーニングするべきときを知っているのと同じくらい重要**です。たとえば、あなたは会話をする準備ができているかもしれませんが、相手はそうではないかもしれません。そのため、分別を持ちつつ、臨機応変でいる必要があります。特定の話題は相手にとってつらかったり、不適切だったりするかもしれません。うまい会話をするには感受性を働かせつつ、相手、時間、場所について考えなければいけません。

会話道は、チベットの文化でも非常に活発です。**会話道は知性と思いやりという形で楽しまれる**ため、いま飲んでいるお茶について、または天気がどうかについてといったシンプルな会話も、取るに足りないとか表面的だとは言われません。このようなシンプルな話題について話すことで、相手へのより深い洞察を得ることができるのです。

二つの文化を背景に持つ私は、チベット人の会話に対する姿勢が、欧米文化と興味深い対照をなしていると思うことがよくあります。欧米において会話という言葉は、単刀直入という言葉と同じ意味になることがあります。どの話題も、事実や目的がなければいけないのです。単刀直入だからといって、相手に多くを伝えられるわけではありません。とは言っても、率直でいるのが適切なときもあります。

会話道とは、はにかんで見せるとか、茶目っ気を出すという話ではありません。言葉巧みに何かを言うとか、ごまかすものでもありません。むしろ、**心からのやり取り**

をするための機会なのです。現代の文化において、会話をする機会としてもっとも一般的なものは初デート中の二人です。会話というダンスに向き合うことで、相手を驚くほど深く知るのです。

走る瞑想実践者として、タイガー、ライオン、ガルーダのフェーズで私たちはマインドフルネスと気づきのテクニックに取り組んでいます。それと同時に、会話にもかかわっていることでしょう。なかには、沈黙のほうがいいランニングもあります。でもそうでない**ランニングは、人間らしい友情やコミュニケーションの場所を提供してくれます**。このように社会的で社交的な表現は、人類の「基本的な善良さ」を分かち合うための機会なのです。

Point

- **孤独なランニングを会話が社会的なアクティビティにする**
- **会話とは相手との調和であり、相手への愛**

39 ピース・ラン

2006年の秋、チベットのダライ・ラマ法王猊下が、コロラド州にある大仏塔の法身舎利を平和の記念建造物として献堂されました。この大仏塔は、レッドフェザー湖の近くにあるシャンバラ・マウンテン・センターが位置する谷間の上のほうにあります。この聖なる塔の建築には15年かかりました。座したブッダの姿を模して悟りを表している釣鐘型の建物には、伝統的な仕様が用いられています。仏塔の最上部には、智慧と慈悲を象徴する太陽と月が飾られています。あらゆる文化や宗教の人たちが、毎日ここを訪れます。子どものグループから高齢者のグループまで、大仏塔を見学しに来るのです。

ある日、私はふと思いました。この大仏塔をゴールにした平和のマラソン大会を開催したら、ぴったりなのではないかと。第1回ストゥーパ・ピース・ラン〔訳注：ストゥーパは仏塔〕には、150人のランナーが参加しました。一部にかなりの上級ランナーがいましたが、他の人たちはランニングをはじめたばかりでした。厳密にレースというよりも、冒険であり、お祝いでした。

その日、私は走るかどうか決めかねていました。というのも、ケガがまだ完治していなかったのです。しかし大会当日の朝、体調は良好でした。慈善活動でもあることだし、ランニング・シューズを履いてみんなに加わることにしました。ジョン・プラットと他の数名がイベントの手はずを整えていました。5キロと10キロという二つのイベントに向け、私たちはレッドフェザー湖に集まりました。

これだけ多くのランナーがわざわざ参加してくれた姿を見て、私は感動してしまいました。中には、本書に基づいて行ったワークショップに参加してくれた人もいました。ピース・ランは、さまざまな人たちの集まりでした。単に走りに来た人、瞑想をはじめたランナー、そしてランニングをはじめた瞑想実践者。

誰もがワクワクしていました。スタート地点の標高は約2200メートルだったため、一部のランナーにとってはかなり大変なレースになりそうです。太陽は眩しいほどでした。私はみんなに、無理をしないように、そしてその日の精神を忘れないようにと励ましました。**私たちは、平和のために走るのです。**

号砲が鳴り、全員が走り出します。これだけたくさんの人たちが平和のためにコロラド高原を走り抜ける様子を見るのは、とにかく素晴らしいものでした。私たちは、美しい牧草地、ゴツゴツした岩の深い割れ目の上、そして小川に向かう坂道を走り抜けました。シャンバラ・マウンテン・センターに入ると、大仏塔まで最後の坂道です。谷を登りきって、美しく神聖なこの建造物を目にするのは、レースの締めくくりとして最高でした。みんなには、仏塔の周りは走るのではなく歩くようお願いしました。歩くのが習慣であり、走るのは適切ではないからです。妻のカンド・ツェヤンが、完走賞を手渡すために待ち構えていました。チベット人が友情、祝福、縁起物のしるしとして渡す、「カター」と呼ばれる白いスカーフを妻はみんなに渡しました。

ランニングの世界と瞑想の世界が一つになった様子を見て、私はとても感動してしまいました。私が深く知るに至ったこれら二つの異なるグループは通常、混ざり合うことはありません。しかしながらこの日、**瞑想実践者たちもランナーたちも、みんな平和を願って走るために一つになった**のでした。

Point

■ **みんなで平和のために走る！**

40 風の馬（ルンタ）になる

ランニングは私個人にとって、非常に満足感の高いものです。しかし何がランニングを本当の意味で充実したものにしたかと言うと、**自分のアクティビティを通じて他の人を助けられる**というところです。自分の熱意のおかげで、他の人たちとの結びつきができただけでなく、心と同じように体にも取り組むよう他の人たちを励ますことができるようになりました。より大きな視点で見ると、マラソンを通じて、主にチベットの文化的・精神的教育の再構築のために、慈善活動に向けた資金調達ができ、功徳や士気を上げることができました。私は当初、東チベットのスルマンにある、私の父が僧院長として地元の人々の精神的な支えとなっていた僧院の再建に焦点を当てていました。他の人道主義的プロジェクトもはじめました。

私が走りはじめたとき、ランニングが慈善活動につながるだろうなどとは考えていなかったのですが、それでも、自然とこのような結果になりました。**体がもっと健康になり自信がついてくると、その良さを他の人とも分かち合いたいと思う**のです。ランニングのような個人スポーツが、これほどまでに恩恵をもたらす様子を見ると驚くばかりです。ほとんどのレースでは、何かしらの寄付を奨励しています。人間の善意を明確に示すこうした慈善活動に参加できることを、私は非常に幸運だと感じます。

ランニングのおかげで、私は人間が生まれながらにして持つ善良さと健康につながることができました。**言葉では表現し尽くせない、善良だというこの感覚は、人類の未来において非常に重要な要素**だと思います。また、人が生まれながらにして持つ「基本的な善良さ」をもとにした社会を私たちは築くことができると、私は信じています。シャンバラの伝統において、これは「悟りを開いた社会」として知られています。この社会は、たとえ悲惨な何かが起こったときでさえ、人間の心臓部に存在する生まれながらの善良さを見いだすということに基づいています。

ランニングと瞑想を通じ、私たちはより善良な地球市民になります。感謝、規律、そしてエネルギーが、はるかに広い人の輪に恩恵をもたらします。こうした思いは、本トレーニングの最終フェーズの中心である風の馬にとっての燃料となります。チベットの言葉では、「ルンタ」と言います。「ルン」は「風」、「タ」は「馬」を意味します。**風の馬は、タイガー、ライオン、ガルーダ、ドラゴンの道をトレーニングすると自然と生まれる生命力のエネルギー**です。風は、完全に目覚めた人間の心を表しています。馬は、便宜、成功、敏捷《びんしょう》性を表します。

チベットでは、祈祷旗にルンタが描かれています。この旗は、風にはためかせるために山の高いところへ持っていかれます。風の馬は、背中に如意宝珠《にょいほうじゅ》として知られる宝石を乗せた姿で描かれることが多く、この宝石は悟った全能の心を表しています。これは幸せの源です。**本当の幸せとは、他の人たちを手助けすることでもたらされます。**トレーニングの最後のフェーズはそのため、**社会にとって何かためになることをすると決意すること**です。このようにして、ランニングの精神は世界に共有されるのです。私たちの時代の攻撃性とスピードは、人間が失望しがちな傾向を強めてしまいます。物ごとの流れを善良さと理解に向けて揺り動かすために誰かが何かをするのであれば、それが何であれ助けになります。たとえばランニング・ライターのマイク・サンドロックは、発展途上国に靴を寄付する非営利組織のワン・ワールド・ランニングを運営しています。

ランナーは概して楽観的です。一般的に、世界の何かがダメだとか、もうすぐダメになるとかを私たちは常に聞かされています。そのため、**ランナーの楽観性こそ、世界が必要としているもの**なのです。ランナーは直感的に、熱意と努力を通じて物ごとは成し遂げられると知っています。もし私たちが人類として、より良い世界をつくるために熱心に取り組めば、それは実現可能なのです。これが、風の馬のエネルギーです。世界全体は、まるで一つの心のようなものです。その巨大な心が、自身を疑いはじめ落ち込んでしまったら、この惑星全体が危機にさらされてしまいます。しかしながら、**集合体としての世界の良心が楽観主義と努力の精神を伸ばすことができれば、人類は風の馬を手にし、この窮地を脱出するチャンスを手にできる**でしょう。

私は、世界を旅することが多いのですが、年を追うごとに、誰もが相互依存の関係でつながっているという事実を実感します。南インドのバンガロール近くにあるナムドルリン僧院で私が学習をはじめたころ、私が北米で教えていた生徒でバンガロールがどこにあるかを知っている人はほとんどいませんでした。でもいまや、その人たちがアメリカでコール・センターに電話すると、バンガロールのコール・センターにつながります。

風の馬のフェーズは、**私たちは誰もが才能を持っていると気づくこと**です。誰もが、何かしら提供するものがあるのです。手掛けている分野が環境であれ、子どもであれ、ビジネスであれ、その才能どれもが私たちを正しい方向へと動かしてくれるエネルギー、風の馬をつくり出すのです。いまの時代、それがどんなに小さなことであれ、私たちの行動は大きな違いをつくります。しかし大切なのはそこではありません。大切なのは、私たちは誰もが、楽観的でありながら真摯に取り組んでいるということです。このようにして、私たちの活動が他の人のためになるのみならず、個人のレベルでも満足感を与えてくれ、充足感と幸せへとつながります。誰もが満足できる、ウィンウィンの状況なのです。

Point

■ランナーは熱意と努力で何かを成し遂げられることを知っている

■心身が鍛えられるとそれを他者にも分けるモチベーションが生まれる

■本当の幸せとは他者のために行動すること

Lesson

風の馬（ルンタ）の瞑想

私たち生来の善良さを認める

瞑想について素晴らしい言いならわしの中に、**私たちは完璧だが若干の調整が必要だ**、というものがあります。その若干の調整とは、自分の「基本的な善良さ」に自信を持つ、というところに行き着きます。

風の馬の瞑想では、自分の「基本的な善良さ」について観想します。あらゆる計画、心配ごと、スピードが消えてなくなり、ただ深い空間と健やかさを感じながらそこに座るとき、言葉では言い表せない、「基本的な善良さ」という感覚の中で佇むことになります。「基本的」というのは、それが私たちの根本的なありかただからです。「善良さ」というのは、私たちは完全であり、どこも損なわれておらず、一つも欠けていないからです。

人間が素晴らしいのは、持っていながら長いこと忘れてしまっていた善良さにつながることができるという点です。**善良さの感覚を感じるのは、非常にパワフル**なものです。自分のもっとも深い部分に、自信と勇気があるのです。ほんの一瞬であれ、座って感じると癒しになります。善良さを自分の中に感じはじめると、誰の中にも、そして何の中にもそれを見るようになります。小さな子どもの中にも見て取れます。お年寄りの中にも見て取れます。美しい山の中にも見て取れます。誰かをハグしたときに感じることもできます。

瞑想の心構えでのランニングで伝えたいメッセージの中には、**精神性と日常生活はもはや切り離すことができない**というものがあります。何をやっていても、目覚めて、自分が持てる潜在能力を発揮するだけの能力が、私たちにはあるのです。私たちは、「基本的な善良さ」のエネルギーをもって走ることができます。それを感じるとき、より力強く（もしかしたらより速くさえも）走れるでしょう。そして間違いなく、気分もずっと良くなります。「基本的な善良さ」とは、如意宝珠なのです。

Epilogue――熱意、喜び、痛みを分かち合う

6年の間に、私はフルマラソン9回とハーフマラソン1回を走りました。その間、レースについてかなりのことを学びました。

私にとって初めてのレースは、トロント・ウォーターフロント・マラソンでした。寒い日でした。私は完走することをいちばんの目標にしました。自分の人生であそこまでの距離を走ったことがなかったため、大変だったけどやりがいのある経験でした。次のマラソンは、カリフォルニアの海岸沿いの丘に沿って州道1号線を走るビッグ・サー・マラソンでした。美しく晴れた日で快調に走れ、3時間21分で完走しました。

その次のレースは、エドモントン・センテニアル・マラソンで、自分の中でいい記録を出せたレースの一つです。ボストン・マラソンの出場資格を得るためにこのレースを走る必要があったのですが、3時間9分でゴールできました。その次は、その後に控えたボストン・マラソンに向けたトレーニングとして、マイアミ・ハーフマラソンを走りました。ボストン・マラソンについては、あれほどまでに知識豊富で熱狂的に応援してくれる観客の中を走るのは、本当に素晴らしい経験でした。

その後、ニューヨーク市内の5区すべてを駆け抜けるニューヨークシティ・マラソ

ンに出ました。まるで異なる国を五つ走り抜けたようでした。ブルックリン橋を走っていると、誰かが叫びました。「何が起こっているんだ?」それに答えて別の人が言いました。「橋が上下に揺れている!」ブルックリン橋がその一年で支えたいちばんの重みだったのでした。ひとたび5番街に入ると聞こえてくる観衆の大声援は、かなりの快感でした。

その次には、バーモント州バーリントンのバーモントシティ・マラソンを走りました。その日、バーモントにしては異常なほどの暖かさでした。その年にはシカゴ・マラソンも走り、自己ベストとなる3時間5分で完走しました。翌年、もう一度シカゴ・マラソンに出場しました。温度計を通り過ぎたとき、すでに34度以上になっていました。私たちは完走できましたが、悪名高いこの年のレースは、スタートから3時間半後に中止となりました。私にとって最後のマラソンは、美しいナパバレーでした。

これらすべてのレースを通じて、非常に多くを学びました。レース自体は、トレーニングを頑張れるという意味で助けになりました。ほとんどのレースにおいて私は、前半より後半を速く走る「ネガティブ・スプリット」ができました。マラソンでエネルギーは驚くほど高まりますが、そのエネルギーに圧倒されたり、自分が立てたレースの計画を揺るがされたりしないよう心がけました。その計画とは第一に、完走すること。第二に、レース自体を楽しむこと。第三に、良いタイムを出すことでした。私を応援に来てくれた多くの人は、大会に足を運ぶのは初めてでした。多くの都市で、私は地元メディアにインタビューされました。どうやら、マラソンを走るチベットの高僧というものにみんな心を奪われたようでした。

私はすべてのレースを、慈善活動の一環として走りました。そのため、どの大会でも完走することは重要だと感じたのです。常に体が鍛えられた状態にひとたびなると、3時間でマラソンを走りたいと心から思うようになりました。しかしながら、大会に出る大まかな目的は、それよりももっと大きな目標のためです。

マラソン大会に行くとさまざまなランナーがいることから、ランニングの普遍性がはっきりとわかります。**あらゆる年齢、体型、体格の人たちがいるのです。熱意、喜び、痛みが私たちみんなを結びつけます。**これほどまでに個人のスポーツでありながら、ランニングは力強いシナジーを生み出すのです。

Special Thanks

私の道、ランニングという旅に付き添ってくれた多くの人たちにお礼を申し上げます。タラ（ミスティ）・チェック、ジョン・プラット、エリック・チェック、ニック・トラウツ、バリー・グルースナー、マイク・サンドロックには、その元気とサポートと友情に。カイル・シャフハウザー、ベン・メドラーノ、ジャスティン・ロビンズ、ジョシュ・シルバースティーン、マーク・ウェイリー、クリストフ・シューンヘル、ジェームズ・ソープ、グレッグ・ウォーク、ショーン・ラゲット、ラルフ・ムースブラッガー、マイケル・フラウンド、エイミー・コンウェイ、グレン・オースティン、アラン・ゴールドスティーンには、素晴らしいランニングにいく度となくつき合ってくれたことに。クレイグ・モリンズ、ジム・アッシャー、ジム・パスクッチ、ウェルズ・クリスティ、トム・パセイ、ロン・トンプソン、マライア・サイモントン、エレイン・ウォン、ピーター・グッドマンには、体の調整をしてくれたことに。ミッチェル・レヴィー医師、アーロン・スナイダー医師には、そのケアに。マイケルおよびジェニーン・グリーンリーフ、ニコレット・デ・ホープ、コース・デ・ブール、ラデ・シャイアン・サラフには、その寛容さに。H・E・ナムカ・ドリメッド・リンポチェおよびリパ一族には、そのサポートに。ドルジェ・カサン、ドルジェ・クサンには、その尽力に、それぞれお礼申し上げます。

また、常に励まして支援してくれたエミリー・ヒルバーン・セル、そして熱心に応援してくれたリード・ボーツにも感謝いたします。

訳者あとがき――個人の心が安らげば世界は平和になる

私が本書に出会ったのは、2016年だった。瞑想とランニングには別々に取り組んでいたが、何時間もランニングしていると頭が真っ白になり、まるで瞑想をしているような精神状態になることに気づいた。ある程度の距離を走る人であれば、それがどんな感じかおわかりいただけるのではないかと思う。

本書を探し出したきっかけは、そんなランニングの心の状態を興味深いと思い、ランニングと瞑想の関係について詳しく知りたいと思ったからだ。今思えば、「ランニングと瞑想は実質的には同じだから、ランニングさえしていれば瞑想をする必要はない」などとどこかの本に書いてないだろうか、と淡い期待を抱いていたのだと思う。

ところが2016年当時、ランニングと瞑想の関係を取り上げた日本語の本は驚くほど少なかった。過去には数冊あったようだが、いずれも絶版になっていた。これほどランニングが「単なる流行」から「日常のアクティビティ」へと変わり、瞑想も「マインドフルネス」という言葉とともに注目を浴びているのに、意外だった。

そこで、英語の本を探しはじめた。そして本書に出会った。著者は、チベットの高僧だ。瞑想の専門家である高僧が書いたランニングの本……意外な組み合わせに驚きはしたが、まさに私が求めていた本ではないだろうかと、ワクワクしながら読みはじめた。

ところが、私が抱いていた淡い期待はチャプター1で早々に打ち砕かれた。「たまに、『ランニングが私の瞑想なんです』と言う人がいます。言っている意味はわかりますが、現実的にはランニングはランニングであり、瞑想は瞑想です」と書いてあった。ランニングが瞑想の代わりにならないだろうかと怠け者の発想をしていた自分を恥じた。ごめんなさい。とはいうものの、本書では走っていると瞑想に近い状態になる点についても触れており、まさに私が求めていた本だったことには間違いなかった。

本書は、私のような怠け者を突き放したりはしない。そしてビギナーも熟練者も、本書を読んでランニングと瞑想の相乗効果を体感できるような内容になっている。今のような世の中だからこそ、一人でも多くの読者が、ランニングしながら心の内と外の平和を実現できれば、と願いながら著者の言葉を翻訳した。

最後に、本書を日本の読者に届けたいという思いを現実のものにしてくださったCCCメディアハウスの編集者、田中里枝氏と、それを後押ししてくださった江坂健氏に心より感謝したい。

2018年9月　松丸さとみ

［著者］

サキョン・ミパム (Sakyong Mipham)

チベット仏教の高僧。世界的な規模を誇る瞑想センターを中心としたコミュニティであるシャンバラの指導者でもある。欧米に仏教の概念を広めるのに貢献したとされるチベットの宗教家チョギャム・トゥルンパを父に持ち、父の亡命先であるインドのブッダガヤで1962年に生まれた。現在は東洋と西洋が融合した独自の視点に基づき、北南米、ヨーロッパ、アジアを中心に、世界中で指導を行っている。シャンバラは、日常生活を通じて人に自然に備わっている「基本的な善良さ」を伸ばし、「悟りを開いた社会」を実現することを目指している。また、熱心なランナーとして、これまで9つのフルマラソンを完走。雑誌「*Planet*」には「グローバル・ビジョナリー(世界を見据えた思想家)」として描写されている。著書 '*Turning the Mind into an Ally*' (Riverhead, 2003) および '*Ruling Your World*' (Harmony, 2005) はベストセラーとなった。

［訳者］

松丸さとみ

フリーランス翻訳者・ライター。学生や日系企業駐在員として英国・ロンドンで6年強過ごす。現在は東京都内で時事ニュースを中心に幅広い分野の翻訳、ライティング(ときどき通訳も)を行っている。著書に『英語で読む錦織圭』(IBCパブリッシング)、『世界は犬たちの愛で満ちている。』(泰文堂)、訳書に『自分に自信を持つ方法』(共訳、フォレスト出版)、『マインドフルネスを始めたいあなたへ』(星和書店) などがある。

限界《げんかい》を乗《の》り超《こ》える最強《さいきょう》の心身《しんしん》
チベット高僧《こうそう》が教《おし》える瞑想《めいそう》とランニング

2018年10月7日　初版発行

著　者　サキョン・ミパム
訳　者　松丸さとみ
発行者　小林圭太
発行所　株式会社 CCCメディアハウス
〒141-8205　東京都品川区上大崎3丁目1番1号
電話 販売 03-5436-5721　編集 03-5436-5735
http://books.cccmh.co.jp

装幀・本文デザイン……西村健志
校　正…………………株式会社円水社
印刷・製本……………豊国印刷株式会社

ISBN978-4-484-18109-7